Les cahiers de

SVT Cycle 4 5e

SCIENCES DE LA VIE ET DE LA TERRE

NOUVEAU PROGRAMME 2016

Sous la direction de
André Duco

Auteurs
Ryem Boudjemaï
Anthony Chatelain
Carole Fouquet
Anne-Laure Laborie
Romain Le Goff
Nina Michel-Lauret

Année scolaire : ....

Nom : ....

Prénom : ....

Classe : ....

Nathan

Compléments numériques sur

cahier-svt.nathan.fr

Vidéo à visionner

Animation à télécharger

Sur la couverture

- Le corps humain
- Classification générale des animaux sous forme d'un arbre de parenté
- Classification générale des êtres vivants
- Échelle des mesures
- Échelle des temps géologiques

 - ISBN : 978-209-171255-0

Sommaire

Le vivant et son évolution

Éléments de biologie de la reproduction sexuée et asexuée

Le corps humain et la santé

Le devenir des aliments dans le tube digestif

Rythmes cardiaque et respiratoire, et effort physique

La planète Terre, l'environnement et l'action humaine

Ressources naturelles, écosystèmes et activités humaines

Le fonctionnement externe de la Terre

UNITÉ 1

La reproduction sexuée des êtres vivants

Au sein des populations d'êtres vivants, de nouveaux individus font régulièrement leur apparition.

Formulons le problème

....

....

Observer le cycle de vie d'un animal : le phasme

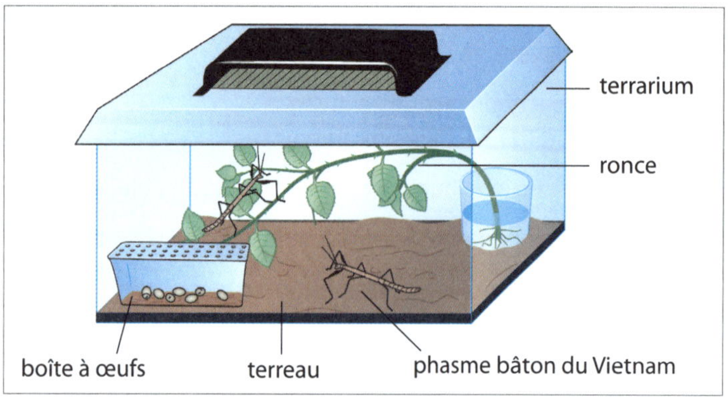

Doc. 1 Matériel et conseils pour l'élevage.

1 Retrouver les mécanismes qui ont permis l'apparition des nouveaux phasmes.

....

....

....

....

2 Réaliser le schéma du **cycle de vie** du phasme bâton.

Le phasme bâton du Vietnam

Cuniculina imbriga

- **Groupe :** insectes
- **Durée de vie :** 12 mois
- **Alimentation :** feuillage frais (ronces en hiver).

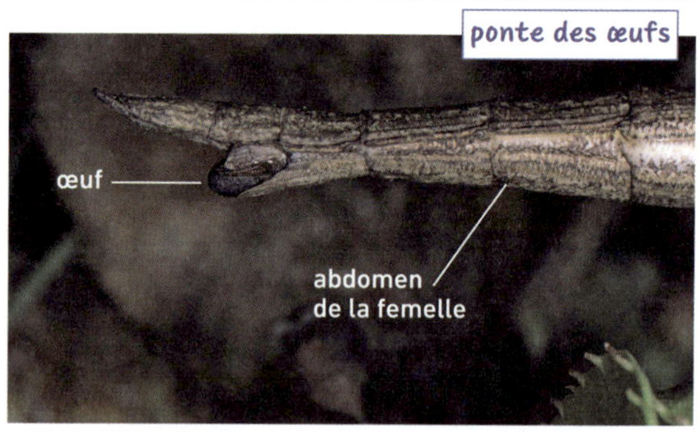

Doc. 2 La **reproduction sexuée** du phasme.

Observer le cycle de vie d'une plante à fleurs : le pois

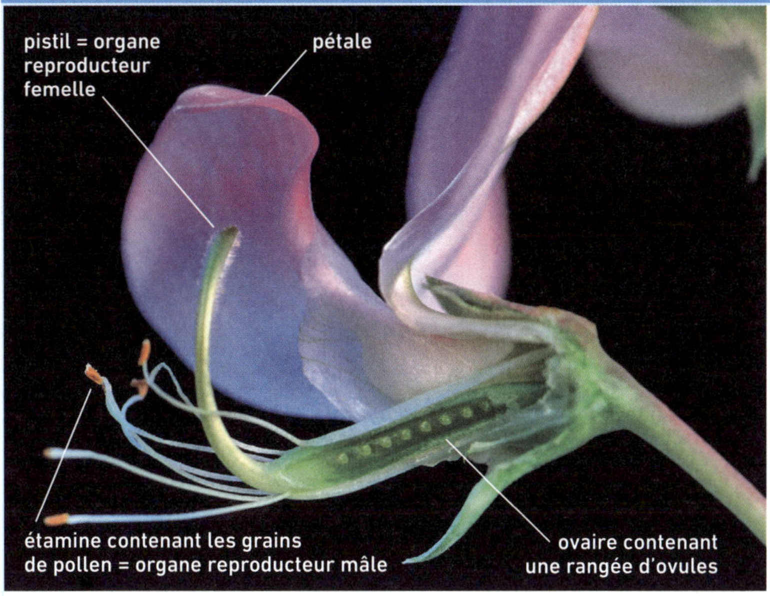

Doc. 3 Fleur de pois.

Doc. 4 Graines de pois dans leur gousse.

Le pois *Pisum sativum*

- **Groupe :** plantes à fleurs
- **Durée de vie :** 12 mois
- **Taille :** de 40 cm à 2 m
- **Floraison :** été
- **Fruit :** gousse qui contient les graines.

3 Compléter le tableau ci-dessous.

Dispositif	Résultat	Interprétation
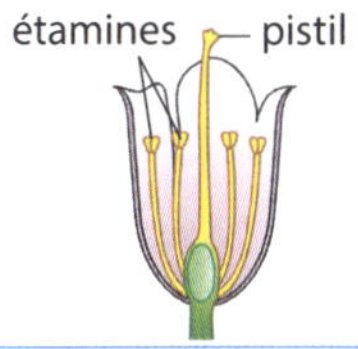	Le pistil se transforme en fruit contenant les graines.	....
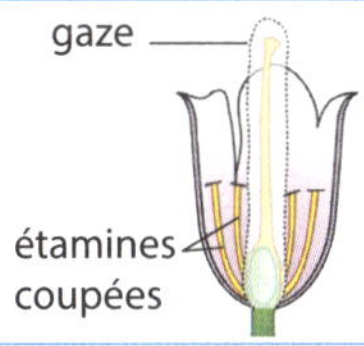	Le pistil ne se transforme pas en fruit.	....
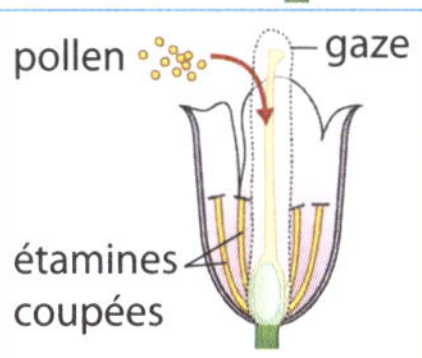	Le pistil se transforme en fruit contenant les graines.	....

4 Réaliser le schéma du cycle de la vie du pois.

Les définitions

- **Cycle de vie** : succession des étapes de la vie d'un individu de sa naissance par reproduction jusqu'à sa mort.
- **Reproduction sexuée** : processus de formation de nouveaux individus à partir de deux individus parents de la même espèce, matures sexuellement et de sexes différents.

Notion à retenir

5 En conclusion, rédiger une réponse au problème posé.

....

....

....

....

....

....

UNITÉ 2

Les modalités de la reproduction sexuée

Au sein d'une espèce, la reproduction sexuée fait intervenir deux individus adultes sexués pour former de nouveaux individus.

Formulons le problème

....

Réaliser une expérience de reproduction sexuée chez l'oursin

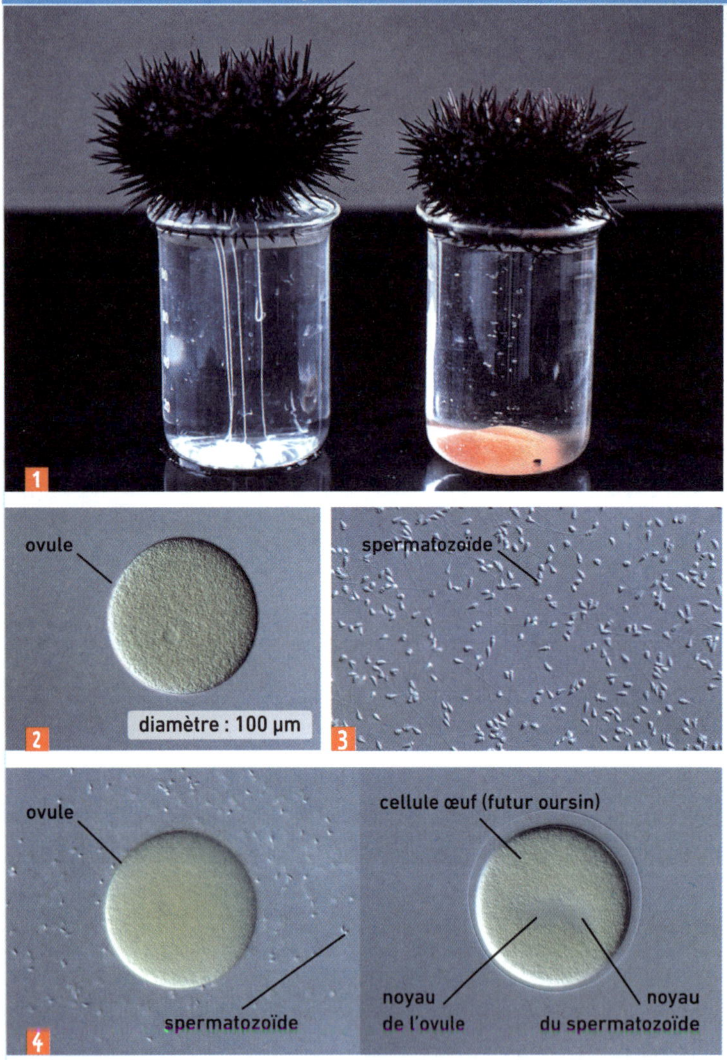

L'oursin *Paracentrotus lividus*

- **Groupe :** echinodermes
- **Milieu de vie :** marin, vie fixée sur les rochers ou sur le fond. Peu de déplacement des individus.
- **Reproduction :** entre mai et septembre. Les mâles libèrent dans la mer un liquide blanc et les femelles un liquide orange.

Réaliser une expérience

1. Placer un oursin mâle et un oursin femelle sur des récipients remplis à ras bord d'eau de mer.
2. Observer au microscope une goutte de liquide orangé libéré par un oursin femelle.
3. Observer au microscope une goutte de liquide blanchâtre libéré par un oursin mâle.
4. Mélanger sur une lame une goutte de chaque liquide et observer au microscope différents stades de la reproduction sexuée.

Doc. 1 Modalité de la reproduction sexuée chez l'oursin. Cellules reproductrices, fécondation et cellule-œuf.

1 Décrire les étapes de la reproduction sexuée de l'oursin.

....

....

....

....

Comprendre la reproduction sexuée chez la poule

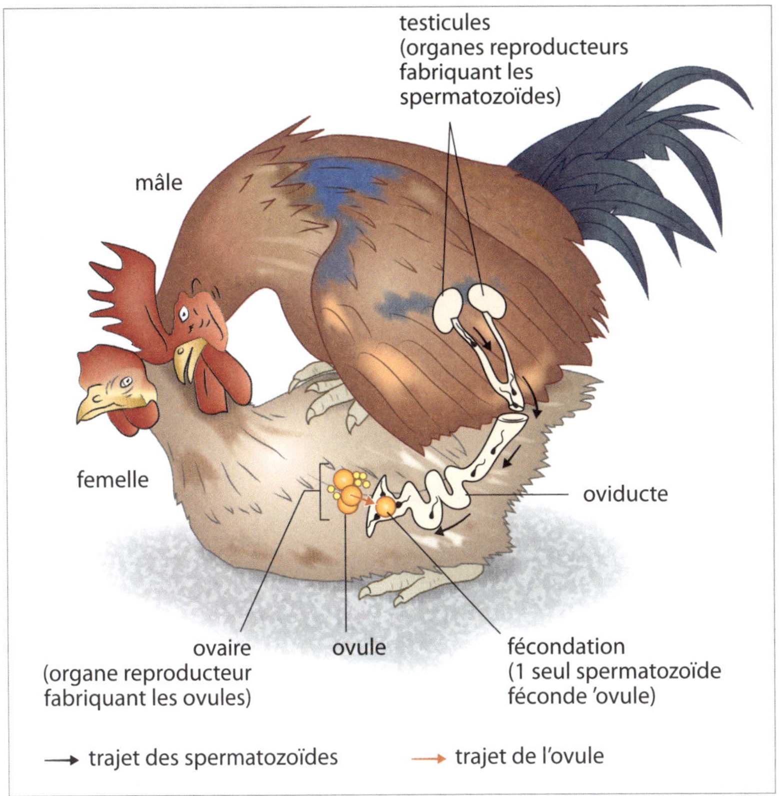

Doc. 2 **Accouplement chez la poule.**

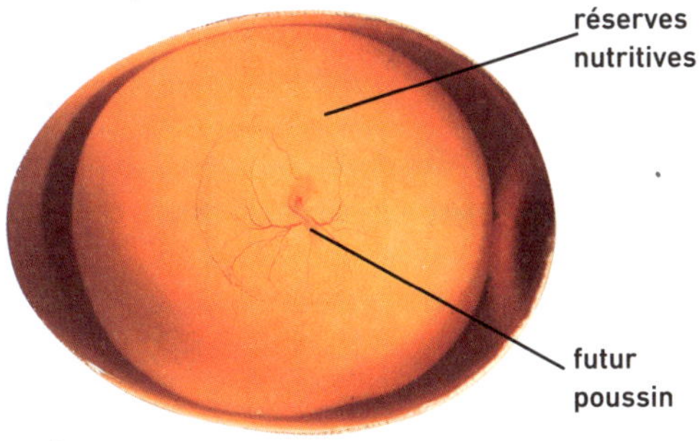

Doc. 3 **Un œuf de poule 2 jours après la ponte.** Après la fécondation, la cellule-œuf accumule des réserves et s'entoure d'une coquille.

Doc. 4 **Éclosion d'un œuf de poule, 21 jours après la ponte.**

2 Compléter le tableau ci-dessous.

	Points communs	Différences
Reproduction sexuée chez l'oursin et la poule	....	....

Les définitions

- **Cellule reproductrice ou gamète** : cellule qui assure la fécondation (spermatozoïde et ovule).
- **Fécondation** : union d'une cellule reproductrice mâle et d'une cellule reproductrice femelle.
- **Cellule-œuf** : cellule formée à l'issue d'une fécondation. En se divisant, la cellule-œuf est à l'origine d'un nouvel individu.

Notion à retenir

3 En conclusion, rédiger une réponse au problème posé.

....
....
....
....
....
....
....

UNITÉ 3

Les mécanismes favorisant la reproduction sexuée

Au cours de la reproduction sexuée, la fécondation permet la rencontre des cellules reproductrices mâle et femelle (fécondation interne ou externe).

Formulons le problème

....

Observer le rapprochement des individus sexués

Le cerf *Cervus elaphus*

- **Groupe :** mammifères
- **Milieu de vie :** forêts tempérées
- **Reproduction :** fécondation interne après accouplement au début de l'automne.

Doc. 1 La reproduction chez le cerf. Au début de l'automne, quand vient la tombée de la nuit, des meuglements rauques retentissent dans toute la forêt : c'est le brame du cerf. Par son cri, le mâle intimide ses concurrents et appelle les biches.

L'orchidée abeille
Ophrys apifera

- **Groupe :** plante à fleurs
- **Milieu de vie :** Europe, en-dessous de 1000 m d'altitude
- **Floraison :** printemps
- **Reproduction :** fécondation interne

Doc. 2 La reproduction chez les orchidées du genre Ophrys. La fleur produit des substances chimiques imitant l'odeur de l'abeille femelle, et par sa forme rappelle la silhouette de son corps.
Les bourdons mâles sont induits en erreur et s'accouplent donc avec la fleur. Les grains de pollen tombent alors sur la tête de ces bourdons et vont se déposer sur le pistil d'autres fleurs lors de leur visite (pollinisation).

1 Compléter le tableau.

Exemple étudié	Mécanisme(s) favorisant la reproduction sexuée
Cerf	....
Ophrys	....

Observer le rapprochement des cellules reproductrices

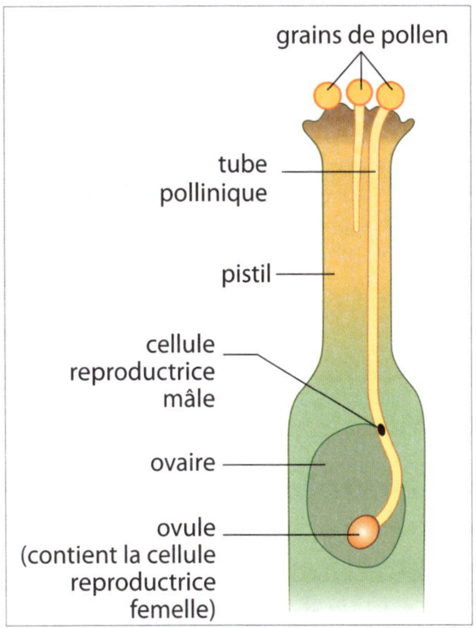

Doc. 3 **La fécondation chez le lis.**

Doc. 4 **Grains de pollen sur le sommet du pistil.**

2 **Légender la photo du lis.**

Réaliser une expérience

1. Préparer deux boîtes de Pétri avec un milieu nutritif gélosé.
2. Dans l'une des boîtes, placer une fine tranche de pistil.
3. Secouer des fleurs épanouies au-dessus des deux boîtes de Pétri pour y faire tomber des grains de pollen.
4. Placer les boîtes en atmosphère humide dans une étuve à une température de 28 °C pendant 1 h et observer.

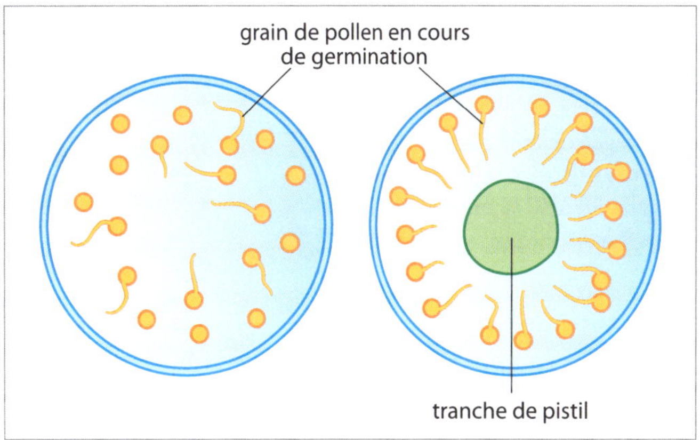

Doc. 5 **Rapprochement des cellules reproductrices chez le lis.**

3 **Décrire les résultats de l'expérience.**

....

....

....

Notion à retenir

4 **En conclusion, rédiger une réponse au problème posé.**

....

....

....

....

....

UNITÉ 4

Reproduction sexuée et conditions du milieu

Tous les êtres vivants ne vivent pas dans les mêmes milieux. Leur reproduction sexuée dépend peut-être aussi des conditions de leur milieu.

Formulons le problème

....

Mettre en relation ressources alimentaires et reproduction sexuée

Le sanglier *Sus scrofa*

- **Groupe :** mammifères
- **Milieu de vie :** terrestre
- **Reproduction :** accouplement en hiver et fécondation interne. L'espèce est vivipare.
- **Fécondité :** la laie prépare un nid et met bas. Entre 2 et 10 marcassins protégés des prédateurs par la laie. Le taux de mortalité des jeunes est de 30 à 50 % en raison des hivers rudes.

Doc. 1 Une laie (femelle de sanglier).

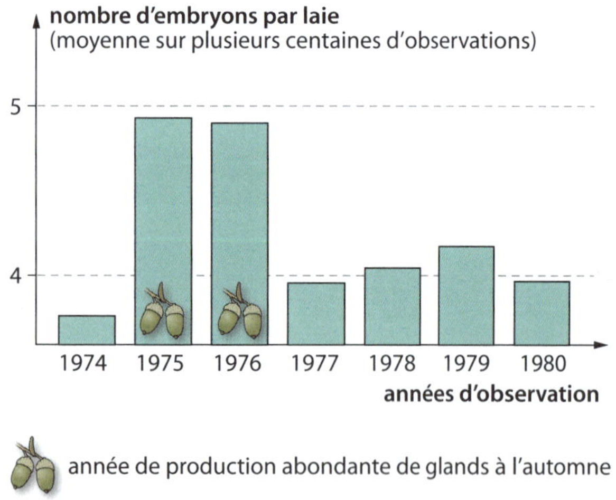

Doc. 2 Reproduction des sangliers dans la forêt de Chambord.

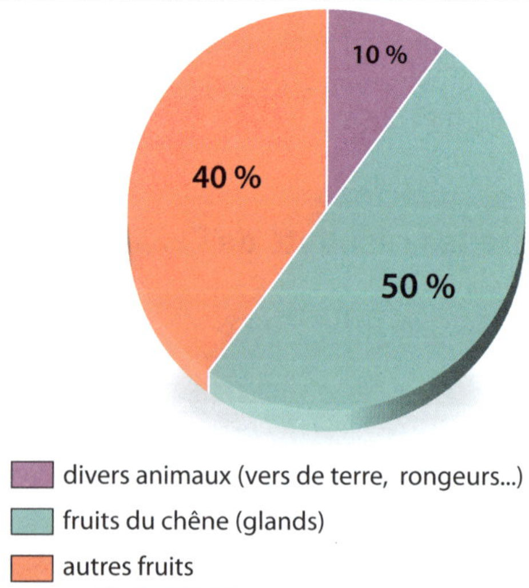

Doc. 3 Régime alimentaire du sanglier.

1 À partir des documents, expliquer le rôle des ressources alimentaires.

....

....

....

....

Mettre en relation conditions du milieu de vie et reproduction sexuée

Le merle noir *Turdus merula*

- **Groupe :** oiseaux
- **Milieu de vie :** terrestre
- **Reproduction :** accouplement, puis fécondation interne. L'espèce est ovipare.
- **Fécondité :** 3 à 5 œufs sont couvés deux semaines. 3 pontes maximum dans l'année. Le taux de survie des nids en Île de France est de 53 % à cause des destruction des nids, de la prédation, des hivers rudes…

La grenouille rousse *Rana temporaria*

- **Groupe :** anoures
- **Milieu de vie :** terrestre et aquatique
- **Reproduction :** accouplement dans un point d'eau. Le mâle fertilise les œufs en même temps que la femelle les produit. Les œufs contiennent une substance qui les protège du dessèchement et nourrit l'embryon.
- **Fécondité :** entre 700 et 4000 œufs produits mais 99 % de perte entre les œufs, les têtards et les jeunes adultes, due à la prédation, pollution et dessèchement.

Doc. 4 Un merle noir.

Doc. 5 Une grenouille rousse.

2 Compléter le tableau comparant les modalités de différents types de reproduction sexuée.

	Merle noir	Sanglier	Grenouille rousse
Milieu de reproduction	....	....	....
Lieu de la fécondation	....	....	....
Nombre de descendants	....	....	....
Protections de l'embryon	....	....	....
Taux de perte	....	....	....
Cause des pertes	....	....	....

Les définitions

- **Fécondité** : nombre moyen de descendants par portée.
- **Ovipare** : espèce dont la femelle pond des œufs.
- **Vivipare** : espèce dont l'embryon se développe à l'intérieur du corps de la femelle.

Notion à retenir

3 En conclusion, rédiger une réponse au problème posé.

....

....

....

....

....

....

UNITÉ 5

Reproduction asexuée et applications pour l'être humain

Certains êtres vivants peuvent se reproduire sans faire intervenir de cellules reproductrices sexuelles. On parle alors de reproduction asexuée.

Formulons le problème

....

S'informer sur les modalités de la reproduction asexuée

La plante araignée *Chorophytum comosum*

- **Groupe :** angiospermes
- **Milieu de vie :** terrestre
- **Origine :** Afrique orientale et du Sud
- **Reproduction asexuée :** La plante mère porte de jeunes plantules à l'extrémité de tiges secondaires (ou stolons). Ces plantules peuvent s'enraciner et donner de nouveaux individus.
- **Intérêt pour l'être humain :** décoratif et effet dépolluant.

Doc. 1 Plantules multiples sur la plante mère.

L'anémone de mer

Anthopleura elegantissima

- **Règne :** animal
- **Groupe :** cnidaires
- **Nom vernaculaire:** anémone de mer
- **Milieu de vie :** fixée, aquatique
- **Reproduction asexuée :** par partage de l'individu initial en deux nouveaux individus.
- **Intérêt pour l'être humain :** alimentaire et pour la recherche scientifique.

Doc. 2 Anémone de mer se scindant en deux nouveaux individus.

1 **Expliquer comment les différentes espèces présentées peuvent former de nouveaux individus. Puis définir ce qu'est la reproduction asexuée.**

....

....

....

....

....

....

S'informer sur les applications de la reproduction asexuée

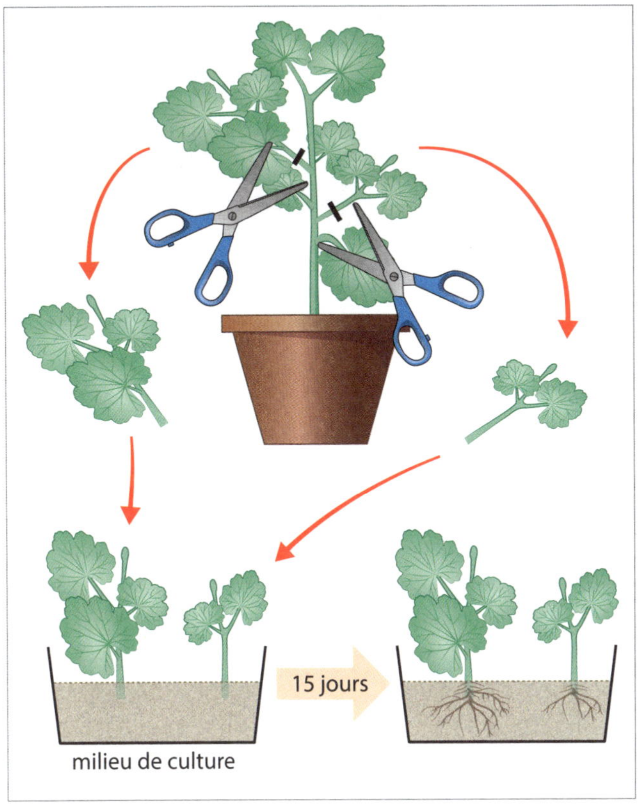

Doc. 3 **Le bouturage du géranium.** Les pépiniéristes obtiennent rapidement une grande quantité de plants destinés à la commercialisation.

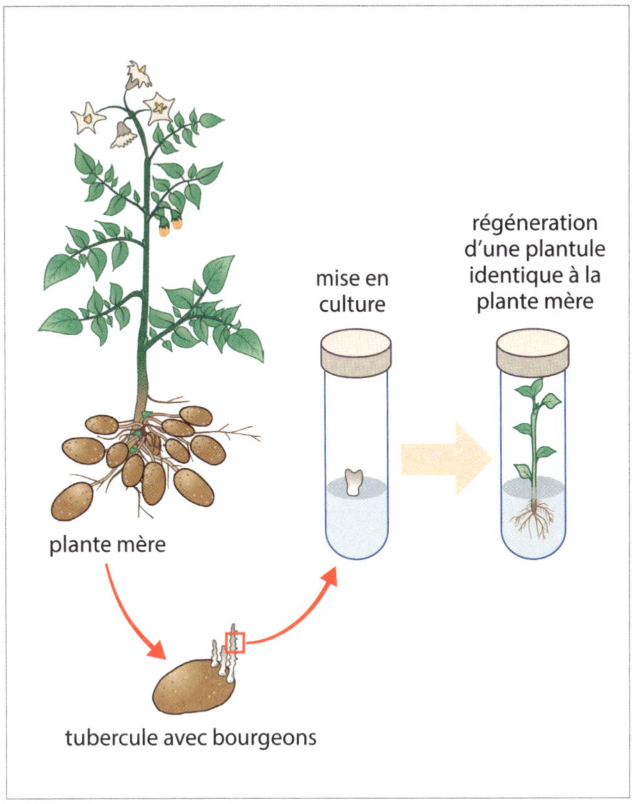

Doc. 4 **Un exemple de biotechnologie : la culture in vitro de la pomme de terre.**

2 **Décrire les deux techniques de reproduction asexuée et leurs applications pour l'être humain.**

....

....

....

....

....

....

Les définitions

- **Bouturage** : action de procéder à la reproduction d'une plante à partir de l'un de ses éléments, sans qu'une graine ne soit nécessaire à la nouvelle pousse.

Notion à retenir

3 **En conclusion, rédiger une réponse au problème posé.**

....

....

....

....

....

BILAN Éléments de biologie de la reproduction sexuée et asexuée

Formuler les notions clés

UNITÉ 1 La reproduction sexuée des êtres vivants

UNITÉ 2 Les modalités de la reproduction sexuée

UNITÉ 3 Les mécanismes favorisant la reproduction sexuée

UNITÉ 4 Reproduction sexuée et conditions du milieu

UNITÉ 5 Reproduction asexuée et applications pour l'être humain

Retenir par l'image

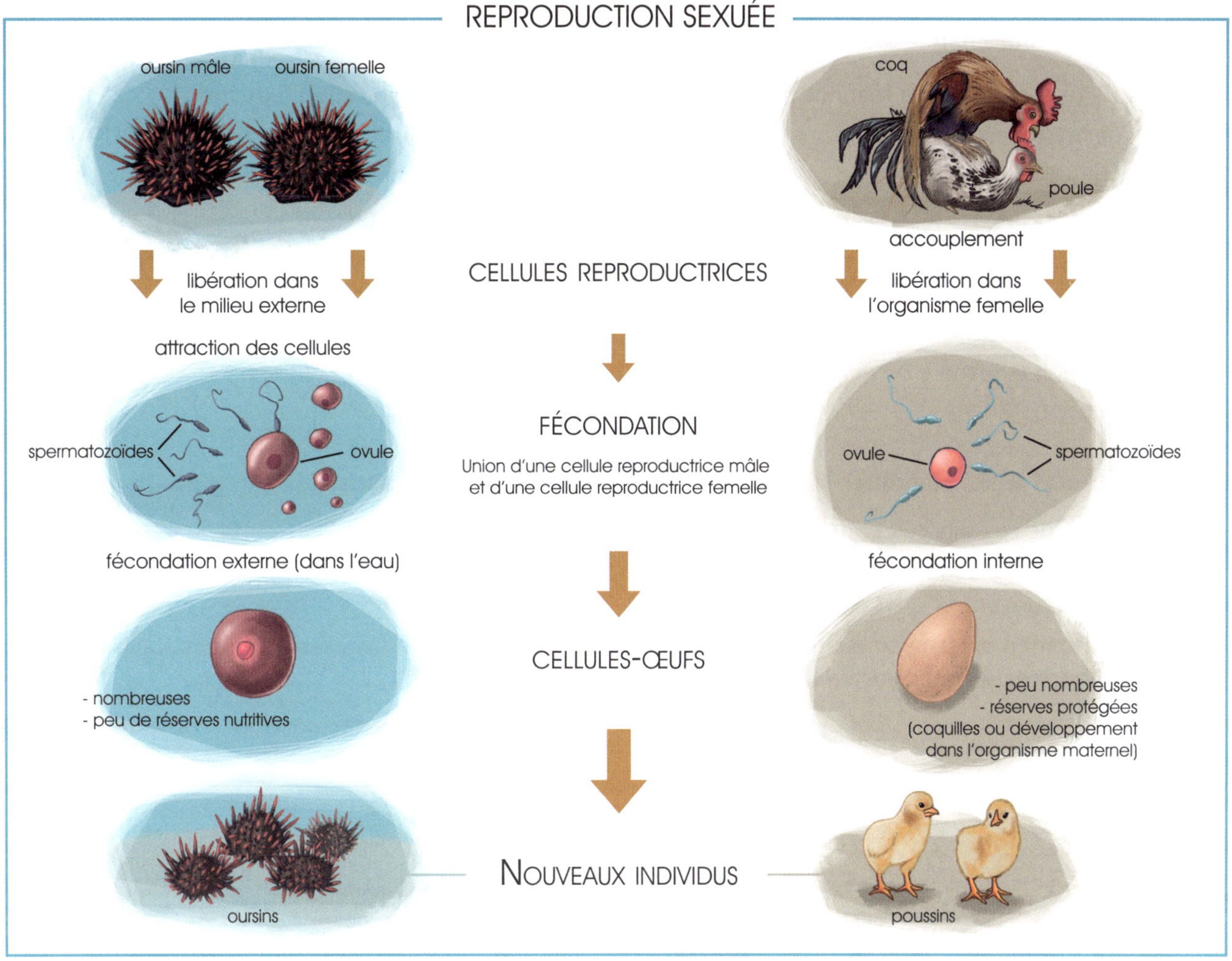

REPRODUCTION ASEXUÉE

CONDITIONS EXTERNES À LA REPRODUCTION

Formuler un résumé du chapitre

....

....

....

....

....

....

Exercices

Tester ses connaissances

1 QCM Pour chaque affirmation, cocher la seule proposition exacte.

a. Je suis le résultat de la fécondation :
- ☐ un spermatozoïde
- ☐ une cellule œuf
- ☐ un ovule

b. Je suis le mode de fécondation le plus répandu dans le milieu terrestre :
- ☐ sexuée
- ☐ fécondation externe
- ☐ fécondation interne

c. Je favorise la fécondation externe :
- ☐ le rapprochement des cellules reproductrices
- ☐ les différences entre individus
- ☐ la fécondation

d. Je permets à un individu unique de former de nouveaux individus :
- ☐ la reproduction sexuée
- ☐ la reproduction asexuée
- ☐ la fécondation

2 Vrai ou Faux Indiquer si les propositions sont vraies ou fausses.

	Vrai	Faux
a. Plus il y a de ressources alimentaires, plus la fécondité est importante.	☐	☐
b. La reproduction asexuée nécessite l'intervention de deux individus de sexes différents.	☐	☐
c. La fécondation externe consiste en la fusion de deux cellules reproductrices à l'intérieur de la femelle.	☐	☐

Utiliser ses connaissances

3 L'expérience de Spallanzani

Lazzaro Spallanzani (1729-1799)

Ce scientifique italien pensait que le nouvel individu préexistait dans la cellule reproductrice femelle : l'ovule. Il effectua une série d'expériences pour vérifier cette hypothèse.

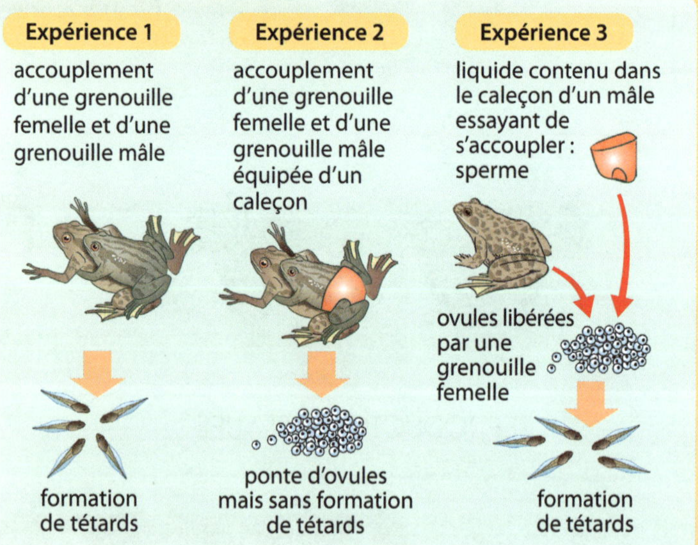

1. Qu'est-ce que Spallanzani souhaitait vérifier en mettant des caleçons aux mâles (expérience 2) ?

....

....

....

....

....

2. Nommons le mécanisme mis en évidence par Spallanzani dans l'expérience.

....

....

Vers le BREVET

4 Reproduction de la daphnie

La daphnie est un petit crustacé d'eau douce qui vit dans les étangs, les lacs ou les mares. Elle se nourrit de phytoplancton, algue verte unicellulaire. Le phytoplancton est principalement abondant au printemps puis sa quantité diminue à partir de l'été.

On peut observer par transparence le nombre d'œufs portés par une daphnie. On remarque que les daphnies portent de nombreux œufs au printemps, puis de moins en moins en été. En automne, seules quelques daphnies portent des œufs, d'aspect différent.

Doc. 1 La daphnie.

Aquarium A : 20 °C, phytoplancton abondant

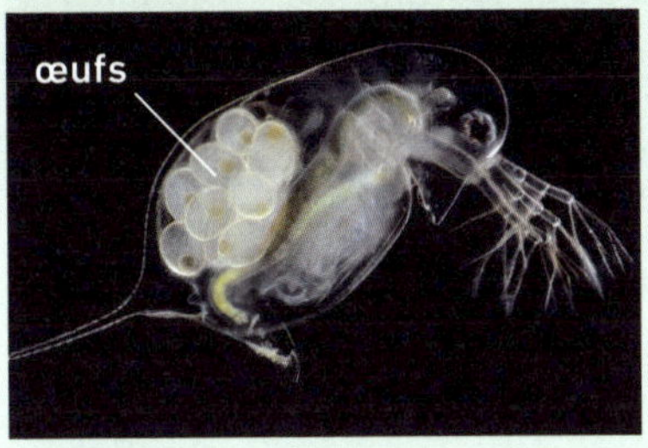

Mode de production des œufs : reproduction asexuée

Aquarium B : 20 °C, phytoplancton rare

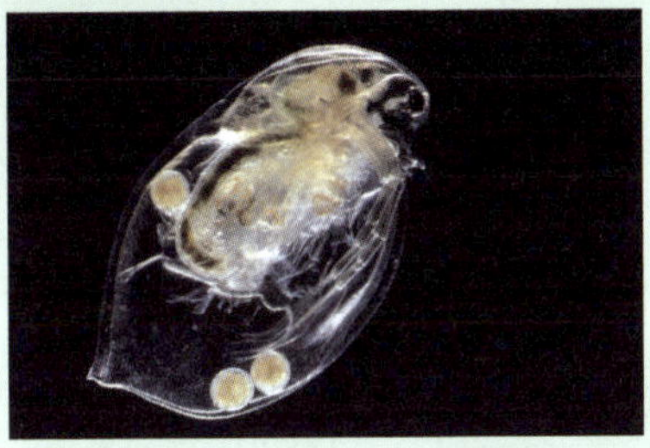

Mode de production des œufs : reproduction asexuée

Aquarium C : 16 °C, phytoplancton rare

Mode de production des œufs : reproduction sexuée

Doc. 2 Des expériences réalisées en laboratoire. Des chercheurs ont élevé des daphnies dans différentes conditions. Ils observent ensuite les œufs portés par les daphnies.

Consigne D'après l'exploitation des documents, rédiger un texte argumenté pour expliquer les variations du nombre et du type d'œufs portés par les daphnies au cours des saisons.

1. D'après le doc 1, proposer une ou plusieurs hypothèses qui expliquent les variations du nombre et du type d'œufs.

....

....

....

....

....

....

2. D'après les résultats du doc 2., expliquer les variations du nombre et du type d'œufs.

....

....

....

....

....

UNITÉ 6

Des besoins énergétiques variables

Les aliments consommés par l'être humain contiennent des sucres, des protéines et des matières grasses. Ces éléments fournissent de l'énergie, indispensable au fonctionnement de l'organisme.

Formulons le problème

....

Mettre en évidence l'existence de besoins énergétiques

La marmotte *Marmota marmota*

- **Groupe :** mammifères
- **Mode de vie :** familial, en montagne, dans des terriers collectifs.
- **Particularité :** hiberne durant la saison hivernale.

Doc. 1 **Une marmotte à la belle saison.**

	Fin de l'automne	Fin d'hiver
Température corporelle	37 °C	10 °C
Consommation de dioxygène	60 mL/kg/h	30 mL/kg/h
Rythme cardiaque	90 à 140 battements/min	3 à 5 battements/min
Rythme respiratoire	16 mouvements/min	2 à 3 mouvements /min
Poids	7 kg	3,5 kg

Doc. 2 **Les comportements de vie de la marmotte durant l'hiver.** La marmotte vit en montagne où les conditions de vie varient au cours des saisons. Durant la belle saison, la marmotte se nourrit abondamment et se charge de graisses. Durant la saison hivernale, la marmotte vit en vie ralentie, sans activités et sans se nourrir, au fond de son terrier : c'est l'hibernation.

1 **Préciser les caractéristiques de la vie ralentie de la marmotte.**

....

....

....

....

....

....

2 **Montrer comment les besoins énergétiques de la marmotte, bien que moins importants, sont satisfaits.**

....

....

....

Identifier les besoins indispensables au fonctionnement de l'organisme

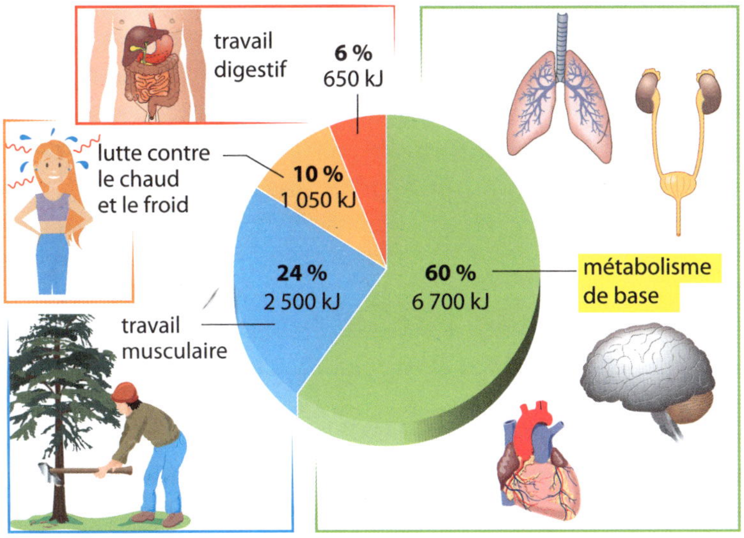

Doc. 3 Les besoins énergétiques journaliers d'un individu. L'unité de mesure de l'énergie est le joule, on utilise le plus souvent le kilojoule noté kJ.

Sexe	Âge	Besoins énergétiques moyens (en kJ/jour)
F	6	6200
F	12	8360
F	17	11900
F	30	8360
F	70	7500
H	6	6700
H	12	9100
H	17	12100
H	30	10700
H	70	9000

Doc. 4 Les besoins énergétiques moyens. Pour les femmes enceintes, les besoins énergétiques supplémentaires sont de 2100 kJ par jour en fin de grossesse.

Doc. 5 Les besoins énergétiques liés à différentes activités physiques.

3 Préciser les paramètres faisant varier les besoins énergétiques d'un individu.

Les définitions

- **Métabolisme de base** : besoins énergétiques pour permettre le fonctionnement a minima de l'organisme (au repos, allongé).

Notion à retenir

4 En conclusion, rédiger une réponse au problème.

UNITÉ 7

Les aliments dans le tube digestif

Les besoins énergétiques d'un individu varient tout au long de sa vie en fonction de son mode de vie et de son état physiologique.
C'est l'alimentation qui permet de satisfaire ces besoins énergétiques.

Formulons le problème

....

Observer le devenir des aliments dans le tube digestif de la souris

Aspect des aliments

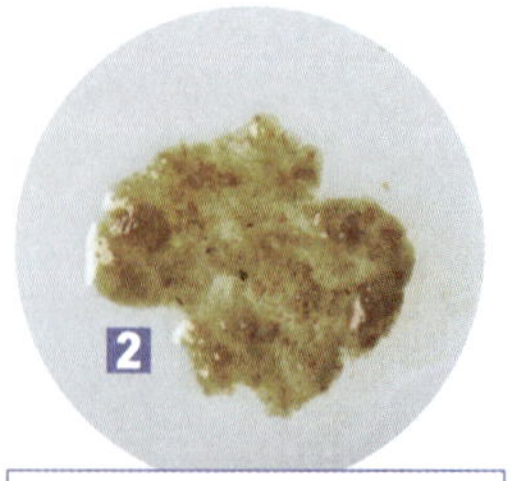

Contenu de l'estomac

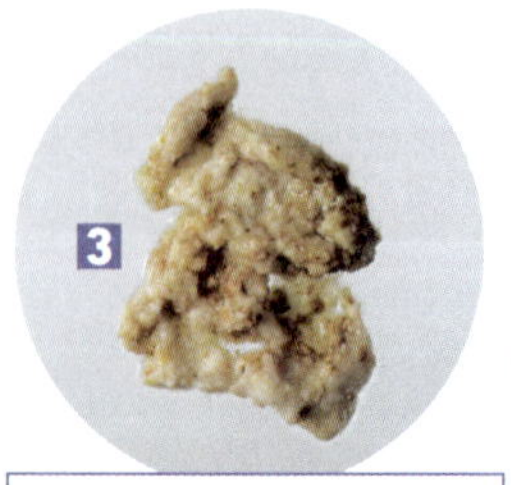

Contenu de l'intestin grêle

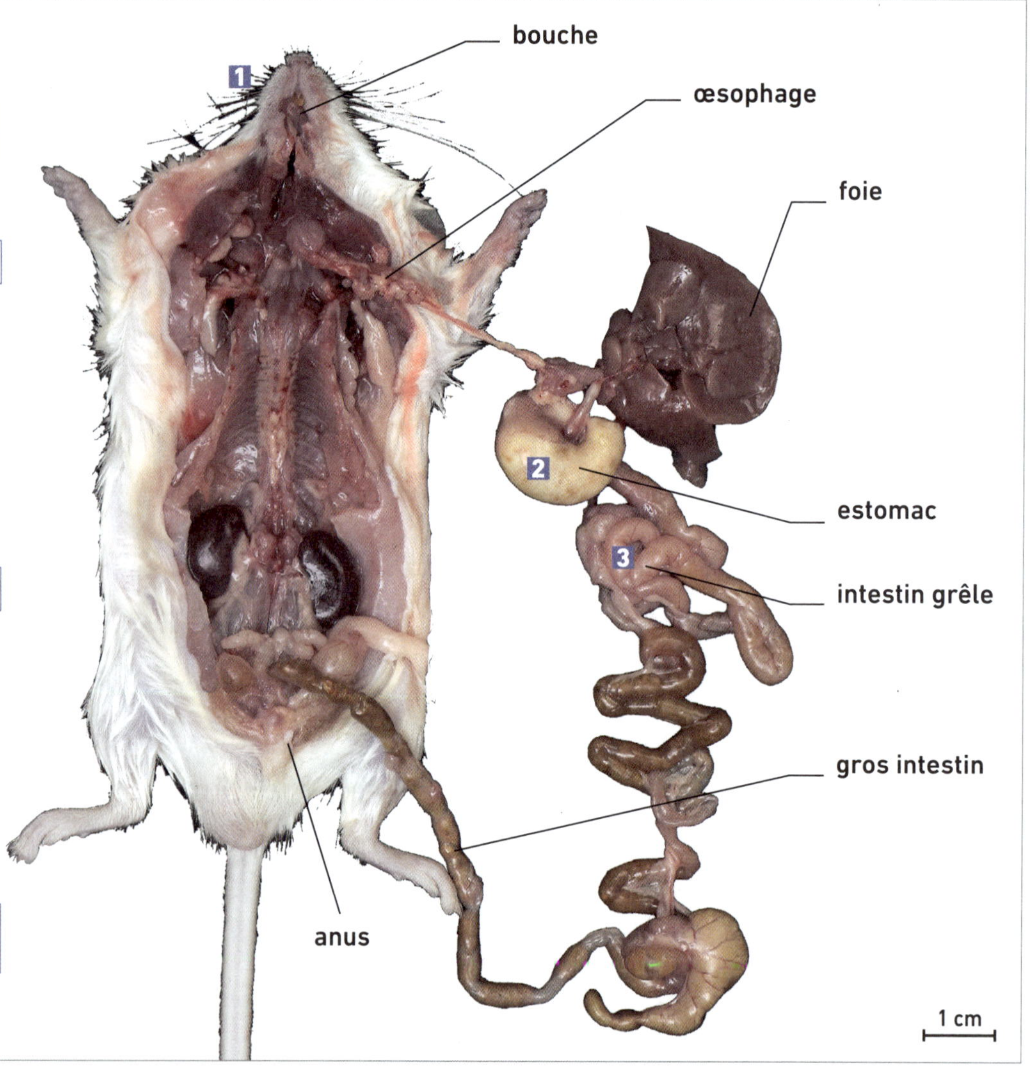

Doc. 1 Organisation de l'appareil digestif d'une souris (*Mus musculus*).

1 Décrire les transformations mécaniques subies par les graines au cours de leur trajet dans le tube digestif.

....

....

Comprendre le devenir des aliments dans le tube digestif de l'être humain

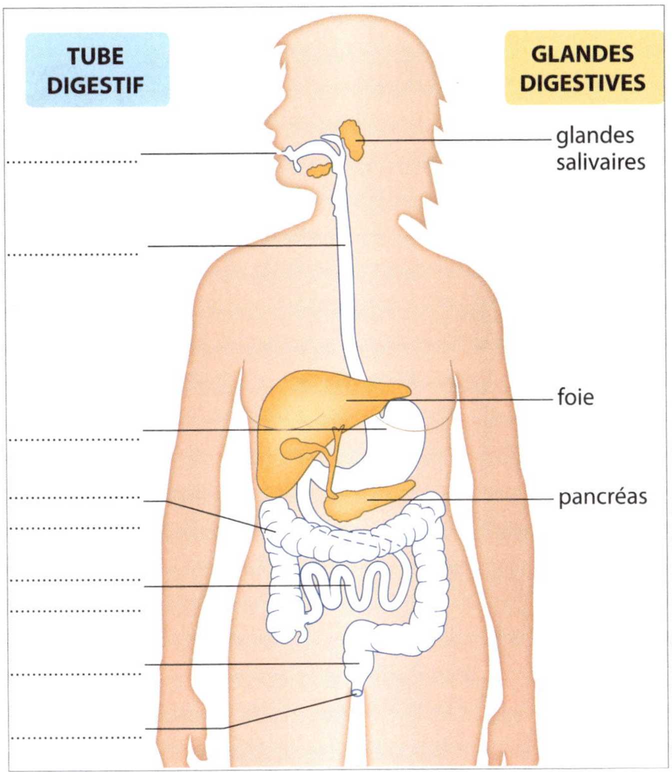

Doc. 2 Appareil digestif humain.

2 Compléter les légendes manquantes de l'appareil digestif de l'être humain. Puis indiquer par des flèches le trajet des aliments dans le tube digestif.

3 Après un repas de spaghettis, relier l'état de cet aliment aux organes où il peut être observé.

Bouche • • 

Estomac • • 

Intestin grêle • • 

4 Visionner la vidéo « Suivi du bol alimentaire » puis compléter le tableau ci-dessous.

Vidéo à visionner

	Temps de passage des aliments	État des aliments	Action mécanique subie par les aliments
Bouche			
Œsophage			
Estomac			
Intestin grêle			
Gros intestin			

Les définitions

■ **Transformations mécaniques** : actions de broyage et de brassage visant à réduire les aliments en bouillie, à les malaxer et à les faire progresser au long du tube digestif.

Notion à retenir

5 En conclusion, rédiger une réponse au problème posé.

UNITÉ 8 La transformation chimique des aliments

Les aliments subissent des transformations mécaniques dans le tube digestif, ils sont mastiqués, broyés, brassés et transformés en bouillie liquide au moment de leur arrivée dans l'intestin grêle.

Formulons le problème

....

Interpréter une expérience historique

Lazzaro Spallanzani
1729-1799

En 1787, Lazzaro Spallanzani suggère que les aliments seraient rendus liquides par des substances chimiques produites par les organes de l'appareil digestif. Avec un peu de liquide contenu dans son estomac, il réalise l'expérience suivante : « J'en fis entrer dans un tube en verre […] ; je mis avec ce suc quelques brins de chair […]. Je le plaçai dans un fourneau où on éprouvait à peu près la chaleur de mon estomac ; j'y mis aussi un tube semblable avec une quantité d'eau qui était la même que celle du suc gastrique pour me servir de terme de comparaison […]. Voici les éléments que j'observai. La chair qui était dans le suc gastrique commença à se défaire avant 12 heures et elle continua insensiblement jusqu'à ce qu'au bout de 35 heures, elle avait perdu toute consistance […]. Il n'en fut pas de même dans le tube où j'avais mis de l'eau. »

Doc. 1 Expérience réalisée par Lazzaro Spallanzani.

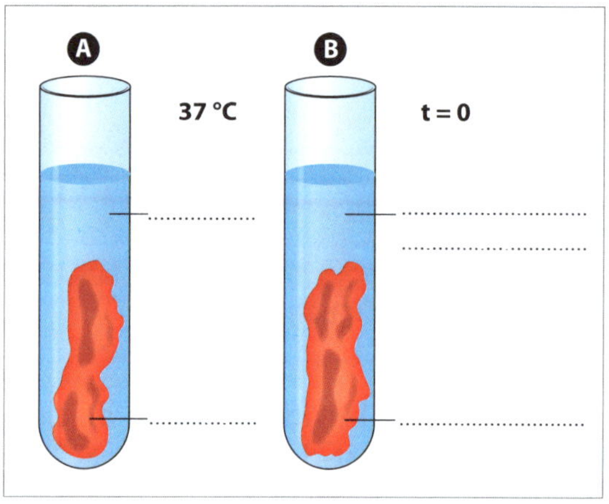

Doc. 2 Expérience de L. Spallanzani.

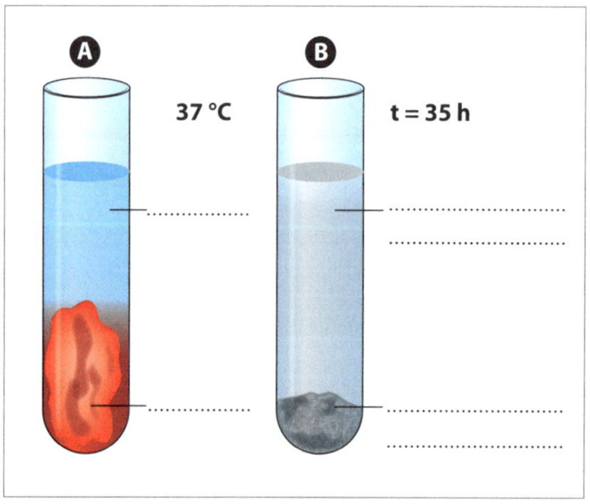

Doc. 3 Résultats de l'expérience.

1 Souligner dans le texte l'hypothèse émise par Lazzaro Spallanzani puis compléter les schémas de l'expérience en indiquant les produits présents dans chaque tube.

2 Indiquer les résultats de l'expérience ci-dessous.

	Résultats
Tube A	....
Tube B	....

3 Conclure sur le rôle des sucs digestifs.

....

....

....

....

Réaliser et interpréter l'expérience de digestion de l'amidon

Vidéo à visionner

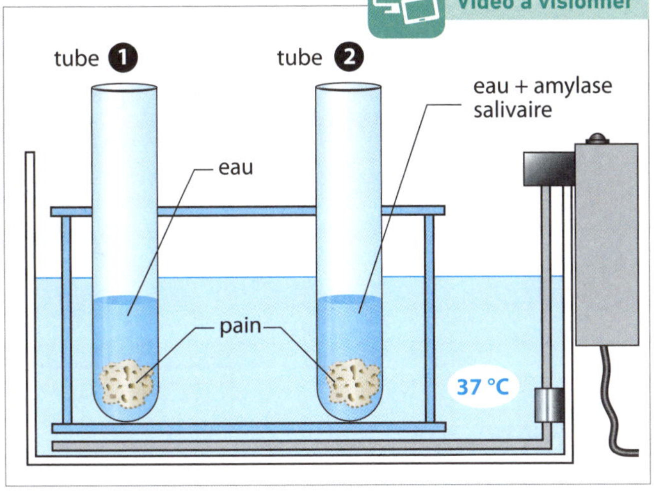

Doc. 4 Expérience de digestion in vitro de pain.

Réaliser une expérience

1. Placer dans deux tubes ❶ et ❷ un morceau de pain (constitué d'amidon) de même taille et une même quantité d'eau.
2. Dans le tube ❷, verser 1 ml d'amylase salivaire (enzyme digestive produite par les glandes salivaires dans la bouche).
3. Placer les deux tubes dans un bain marie à 37 °C pendant 20 min.
4. Dans les deux tubes, tester la présence d'amidon à l'aide de l'eau iodée et mesurer la quantité de glucose (nutriment) à l'aide de bandelettes-test.

4 **Compléter le tableau avec les résultats de l'expérience.**

		Début d'expérience	Fin d'expérience
Suivi de la présence d'amidon	**Tube 1**	....	....
	Tube 2	....	....
Mesure de la présence de glucose	**Tube 1**	....	....
	Tube 2	....	....

5 **Interpréter les résultats de l'expérience.**

....

....

....

....

Les définitions

- **Enzyme digestive** : substance contenue dans les sucs digestifs, permettant la transformation des aliments en nutriments.
- **Nutriment** : molécule simple soluble (capable de se dissoudre dans l'eau) issu de la digestion et utilisable par l'organisme.
- **Suc digestif** : substance produite par certains organes du tube digestif.

Notion à retenir

6 **En conclusion, rédiger une réponse au problème posé.**

....

....

....

....

UNITÉ 9

L'absorption intestinale

Les aliments sont digérés tout au long de leur passage dans le tube digestif. Grâce aux transformations mécaniques et chimiques, ces aliments deviennent des nutriments.

Formulons le problème

....

Observer le devenir du glucose dans le tube digestif

Lors de la digestion, les différents types d'aliments sont transformés en molécules de petite taille ou nutriments : les sucres (glucides) donnent essentiellement du glucose ; les lipides (matières grasses) donnent des acides gras et du cholestérol ; et enfin, les protéines donnent des acides aminés et des protides.

Doc. 1 Le devenir des aliments.

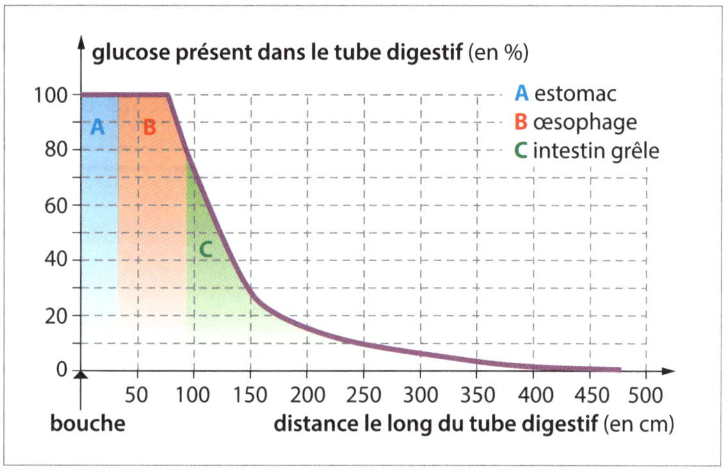

Doc. 2 Pourcentage de glucose présent dans le tube digestif.

	Glucose dans le sang (g/L)	
	Arrivant à l'organe	Repartant de l'organe
Œsophage	1	0,9
Estomac	1	0,7
Intestin grêle	1	2,8
Gros intestin	1	0,8

Doc. 3 Concentration du glucose dans le sang des vaisseaux sanguins arrivant et repartant des différents organes du tube digestif.

1 Analyser les documents et expliquer ce que devient le glucose initialement ingéré.

....

....

....

....

....

....

....

Comprendre le passage des nutriments au niveau de l'intestin grêle

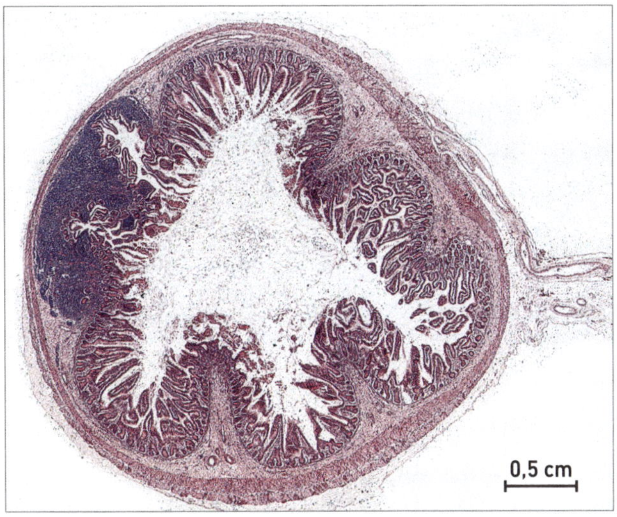

Doc. 4 Intestin grêle (coupe transversale, microscope optique).

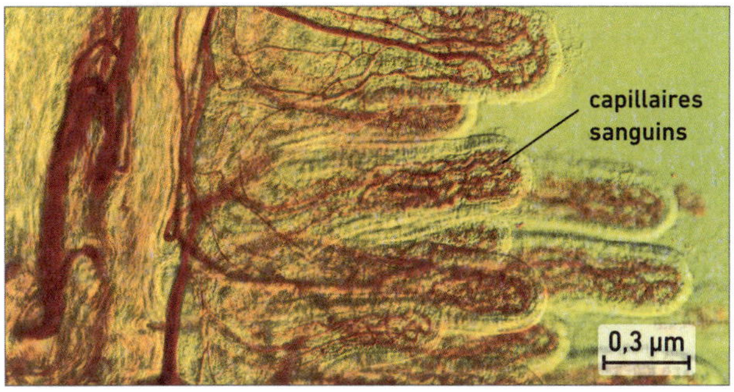

Doc. 5 Détails des villosités intestinales (microscope électronique à balayage).

L'intestin grêle
- **Longueur :** 7 à 8 mètres
- **Diamètre :** 3 cm
- **Villosités :** 10 millions
- **Surface d'une villosité :** 0,25 cm^2

2 Calculer la surface de l'intestin grêle avec et sans villosités.
Aide : aire d'un cylindre = 2π x r x h

....

....

....

....

....

....

....

3 En vous appuyant sur la définition, justifier que la paroi de l'intestin grêle est une surface d'échange vers le sang.

....

....

....

....

....

....

....

Les définitions

- **Absorption intestinale** : passage des nutriments de la lumière de l'intestin grêle dans le sang.
- **Surface d'échange** : grande surface de très faible épaisseur constituée de cellules spécialisées et perméable à de petits éléments.
- **Villosité** : repli interne de la paroi de l'intestin grêle.

Notion à retenir

4 En conclusion, compléter le schéma suivant.

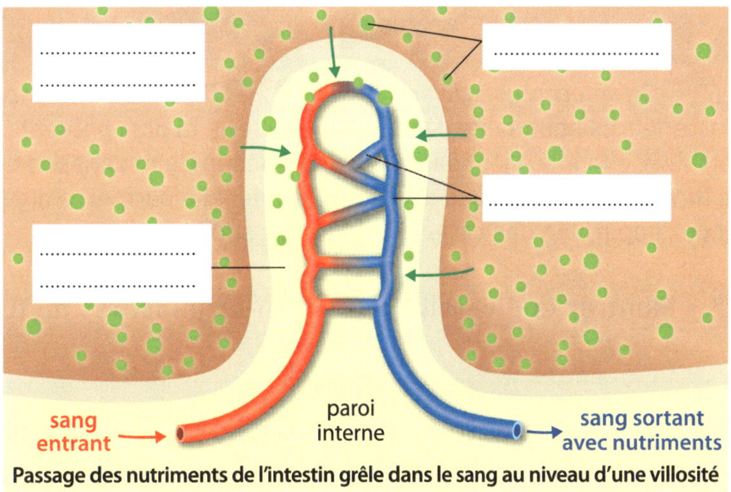

Passage des nutriments de l'intestin grêle dans le sang au niveau d'une villosité

UNITÉ 10

Le rôle des microorganismes dans la digestion

Le tube digestif des ruminants héberge plus de 200 espèces différentes de microorganismes qui permettent de digérer les herbages des prairies. L'appareil digestif de l'être humain renferme aussi des microorganismes.

Formulons le problème

....

S'informer sur les microorganismes présents dans le tube digestif

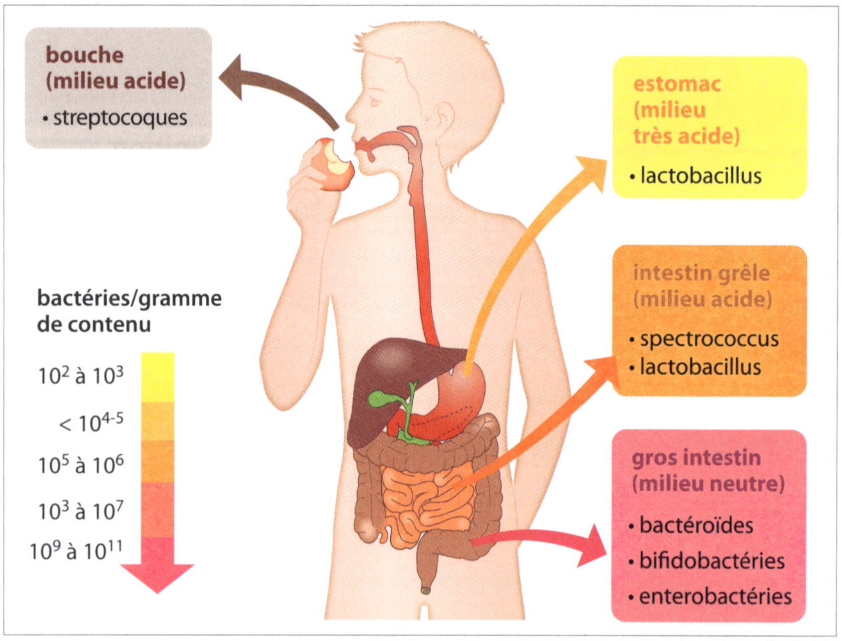

Doc. 1 Répartition des principales populations de microorganismes dans le tube digestif humain.
L'être humain héberge dans son tube digestif des microorganismes vivant en bonne harmonie avec lui. Aujourd'hui, les scientifiques désignent cet écosystème vivant particulier par le terme de microbiote digestif.

L'intestin grêle
- 100 000 milliards de microorganismes.
- Plus de 1 000 espèces de bactéries.
- Poids 1 kg.

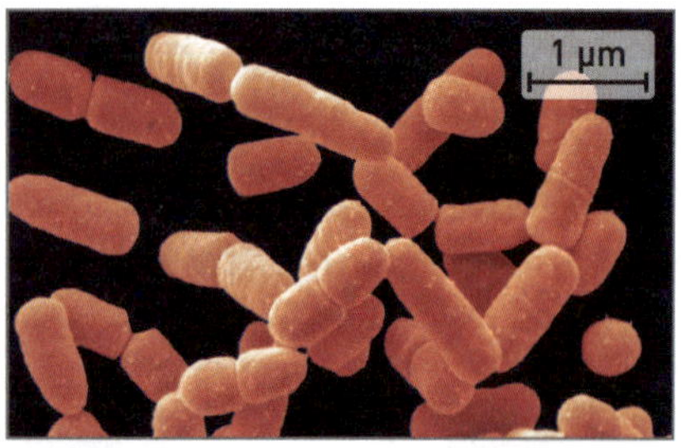

Doc. 2 *Streptococcus salivarius,* bactérie très abondante dans la salive, elle intervient dans la formation de la plaque dentaire et de l'apparition des caries.

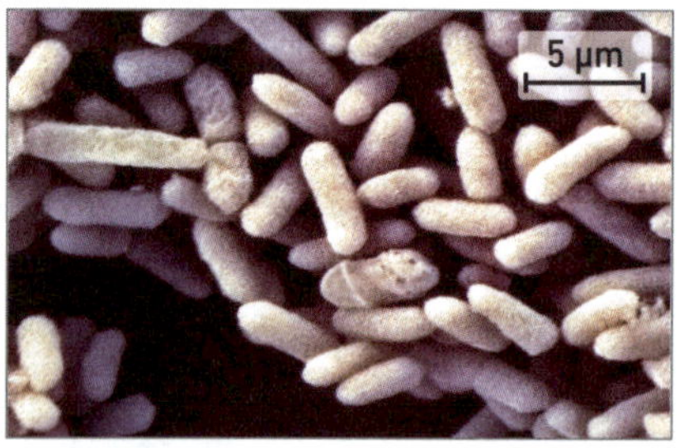

Doc. 3 *Bifidobacterium longum,* bactérie la plus présente dans l'intestin du nourrisson en bonne santé, elle permet la digestion des sucres et du lait.

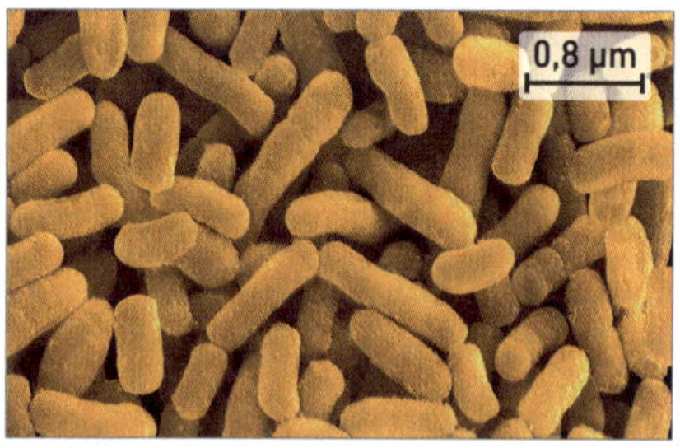

Doc. 4 *Prevotella intermedia,* bactérie du groupe des bacteroidetes, très présente dans le gros intestin.

1 **Montrer la diversité des micro-organismes du tube digestif.**

....

....

....

Comprendre le rôle des microorganismes dans la digestion

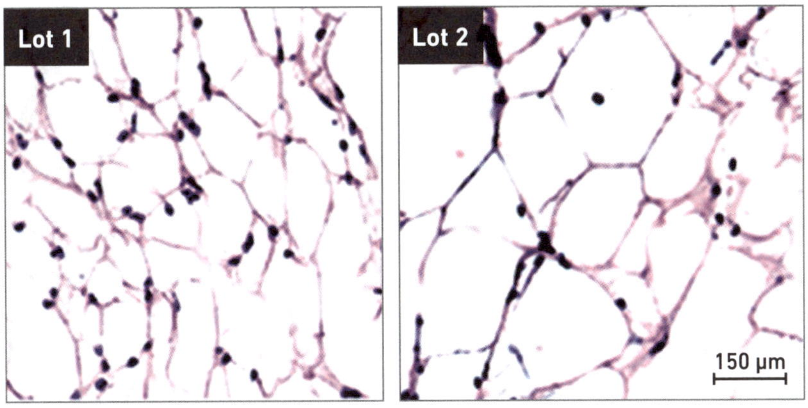

Doc. 5 Aspect des adipocytes, cellules spécialisées assurant le stockage des lipides dans l'organisme. Plus ils sont volumineux, plus ils sont riches en lipides.

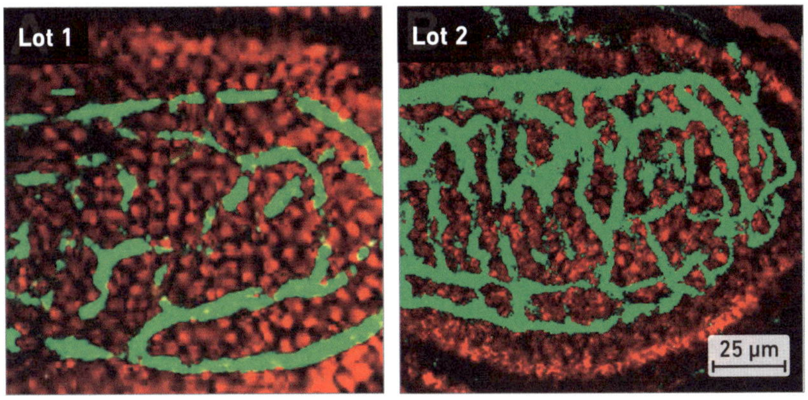

Doc. 6 Réseau des capillaires sanguins dans la paroi intestinale.
Les cellules de la paroi intestinale sont colorées en rouge, les capillaires sanguins en vert.

Interpréter une expérience

1. Deux lots de souris ont été nourris avec les mêmes aliments.
2. Le lot 1 comprend des souris axéniques, c'est à dire dépourvues de microorganismes car nées et élevées en milieu stérile. Le lot 2 regroupe des souris axéniques puis ensemencées d'une population connue de microorganismes.
3. Pour maintenir les souris des deux lots au même poids, il a fallu fournir 30 % d'énergie en plus aux souris du lot 1.

2 Montrer le rôle des microorganismes dans la digestion.

Les définitions

- **Capillaires sanguins** : vaisseaux très fins au niveau des organes à travers lesquels ont lieu les échanges.
- **Microbiote** : ensemble des microorganismes (bactéries, levures, etc.) présents dans le tube digestif d'un individu.

Notion à retenir

3 En conclusion, rédiger une réponse au problème posé.

UNITÉ 11

Les bases d'une alimentation équilibrée

La digestion fournit à l'organisme les nutriments dont il a besoin.
Par ailleurs, l'organisme a des besoins variables selon les situations.

Formulons le problème

....

Comprendre l'équilibre alimentaire

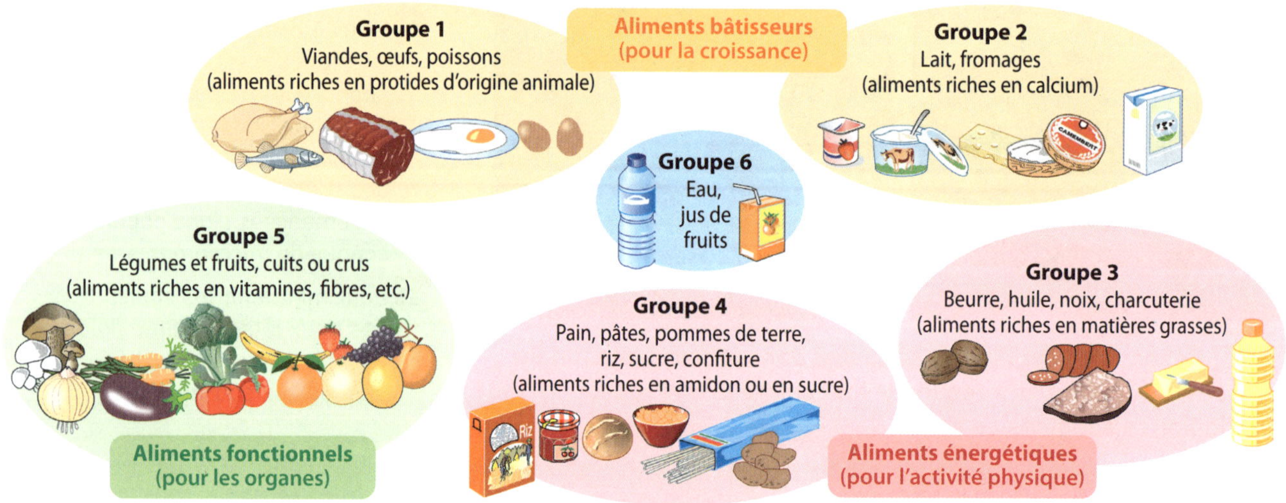

Doc. 1 Les trois catégories d'aliments : fonctionnels, bâtisseurs et énergétiques.

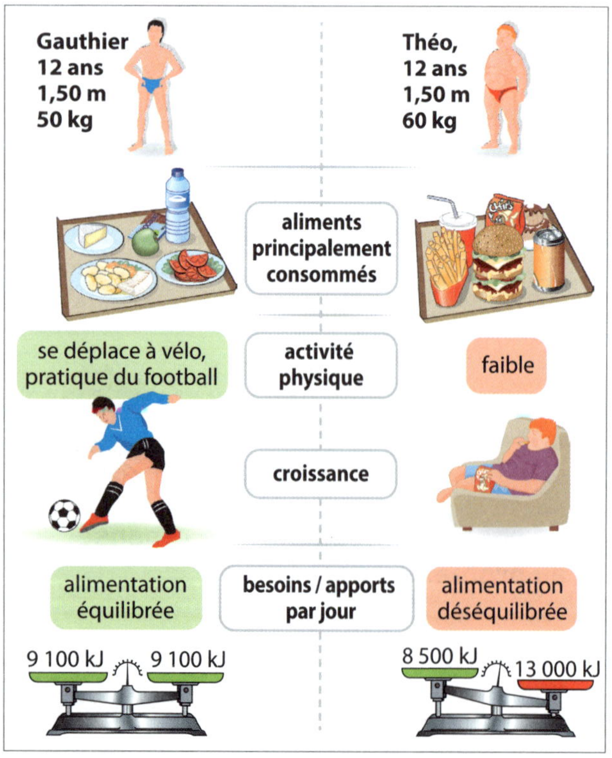

Doc. 2 Alimentation et modes de vie.

1 En comparant les modes de vie de Gauthier et Théo, définir ce qu'est une alimentation équilibrée.

....

....

....

....

....

....

....

....

....

....

....

....

Observer la diversité des régimes alimentaires

Doc. 3 Quatre plateaux repas de cantine correspondant à différents **régimes alimentaires**.
1 Grèce
2 Brésil
3 Finlande
4 France

2 Les plateaux de cantine correspondent-ils à une alimentation équilibrée ?

Utiliser un logiciel

1. Télécharger le logiciel Équilibre alimentaire.
2. À partir des listes d'aliments proposées, confectionner un menu pour chacun des quatre repas préconisés pour une journée. Comparer quantitativement et qualitativement la ration obtenue avec les besoins quotidiens.
3. Ajuster la ration aux besoins en modifiant les menus.

Les définitions

- **Aliments bâtisseurs** : nécessaires à la formation de l'ossature et au développement de la masse musculaire de notre organisme.
- **Aliments énergétiques** : fournissent de l'énergie pour les cellules de l'organisme mais également des substances de réserve.
- **Aliments fonctionnels** : apportent fibres, minéraux et vitamines, sont protecteurs et nécessaires au bon fonctionnement de notre organisme.
- **Régime alimentaire** : façon dont se nourrit un être vivant.

Notion à retenir

3 En conclusion, rédiger une réponse au problème posé.

UNITÉ 12

Déséquilibres alimentaires et maladies de l'alimentation

Un repas équilibré permet de répondre aux besoins de l'organisme. Dans certaines situations, l'équilibre alimentaire peut être rompu et conduire à des maladies de l'alimentation.

Formulons le problème

Identifier les causes des maladies de l'alimentation

L'obésité

- **Définition :** l'obésité se définit par l'excès de masse corporelle entraînant des inconvénients pour la santé.
- **Origines :**
  - Excès d'apports énergétiques. Chez les jeunes, le grignotage excessif (de matières grasses et sucrées : chocolat, biscuits, boissons sucrées) est un facteur important de surpoids ou d'obésité.
  - Manque d'activité physique.
  - Manque de sommeil.

L'anorexie

- **Définition :** l'anorexie correspond à une perte d'appétit, empêchant le patient de se nourrir normalement. Si elle devient chronique, elle peut devenir mortelle, par manque de nutriments.
- **Origine :** mentale. Surestimation des dimensions morphologiques (poids, silhouette).

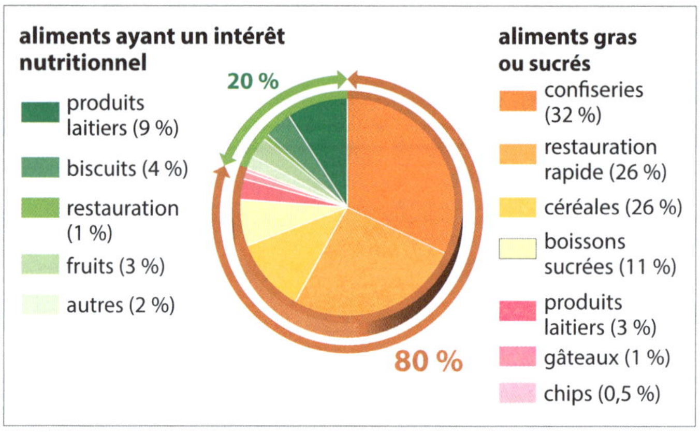

Doc. 1 Répartition des publicités télévisées consacrées à l'alimentation.

1 Quelles sont les causes de l'obésité ?

2 Quelles sont les causes de l'anorexie ?

S'informer sur les conséquences des maladies nutritionnelles

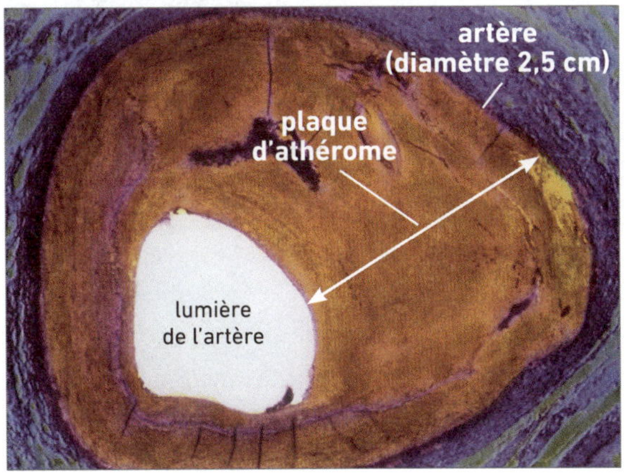

Doc. 2 Volumineuse plaque d'athérome réduisant la lumière d'une artère. Les plaques d'athérome sont dues au dépôt de cholestérol (si l'alimentation est trop riche en matières grasses). Ces plaques vont boucher les artères et stopper la circulation sanguine.

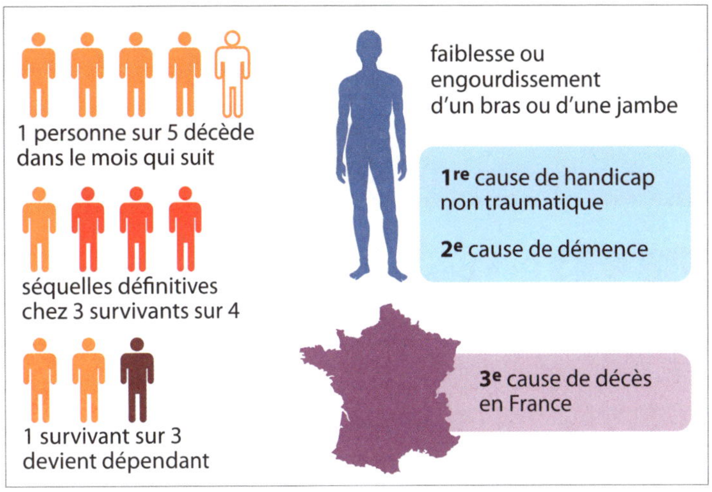

Doc. 3 Les conséquences d'un accident vasculaire cérébral (AVC). Un AVC est dû à l'arrêt momentané de la circulation sanguine au niveau du cerveau. Il y a 145 000 cas d'AVC en France par an.

Doc. 4 Conseils de prévention du Programme National Nutrition Santé (Ministère de la santé, France).

3 Quelles peuvent être les conséquences des maladies de l'alimentation ?

....

....

....

....

....

4 Quel est l'intérêt de suivre les conseils du Programme National Nutrition Santé ?

....

....

....

Notion à retenir

5 En conclusion, rédiger une réponse au problème posé.

....

....

....

....

BILAN Le devenir des aliments dans le tube digestif

Formuler les notions clés

UNITÉ 6 ▶ **Des besoins énergétiques variables**

UNITÉ 7 ▶ **Les aliments dans le tube digestif**

UNITÉ 8 ▶ **La transformation chimique des aliments**

UNITÉ 9 ▶ **L'absorption intestinale**

UNITÉ 10 ▶ **Le rôle des microorganismes dans la digestion**

UNITÉ 11 ▶ **Les bases d'une alimentation équilibrée**

UNITÉ 12 ▶ **Déséquilibres alimentaires et maladies de l'alimentation**

Retenir par l'image

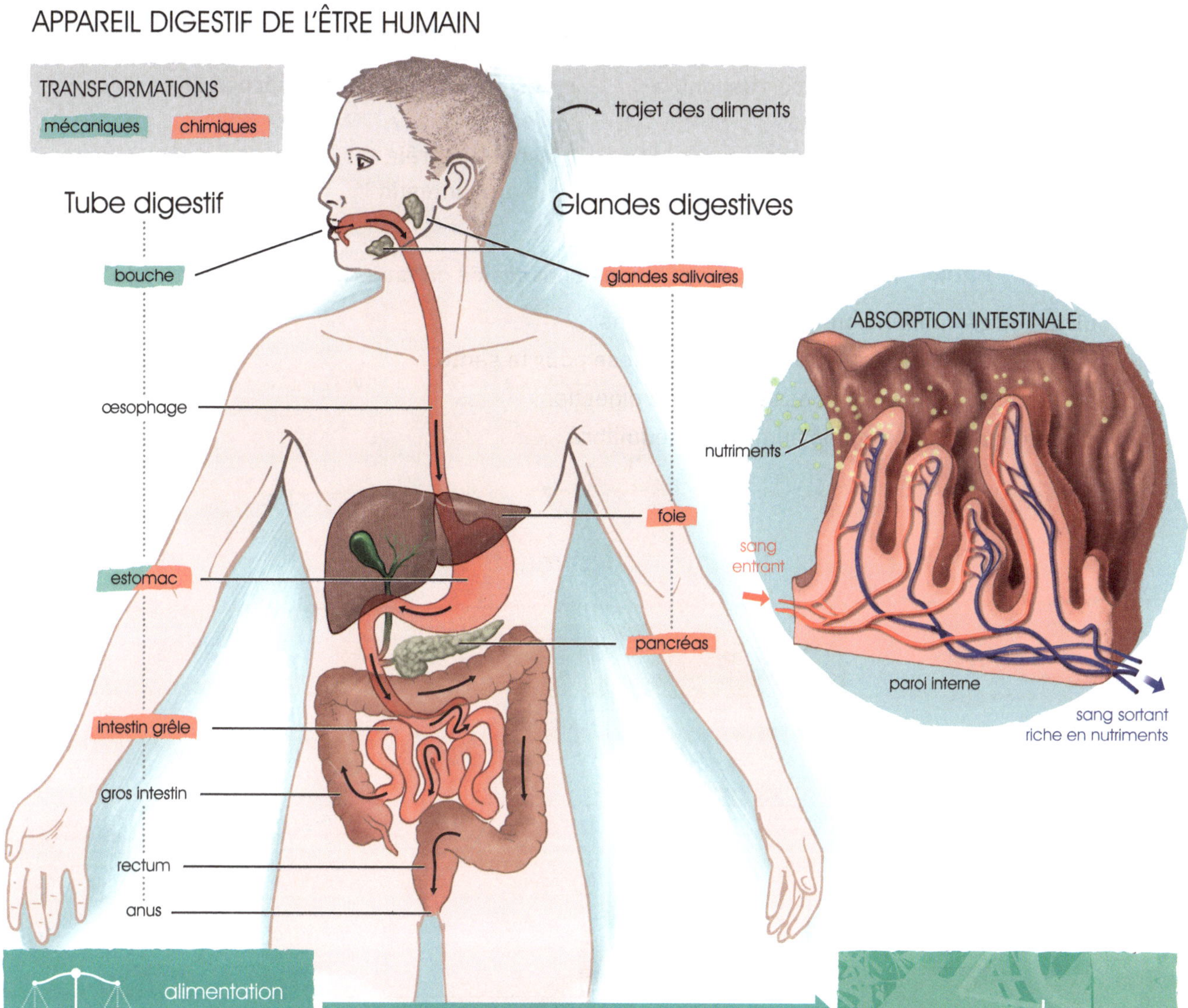

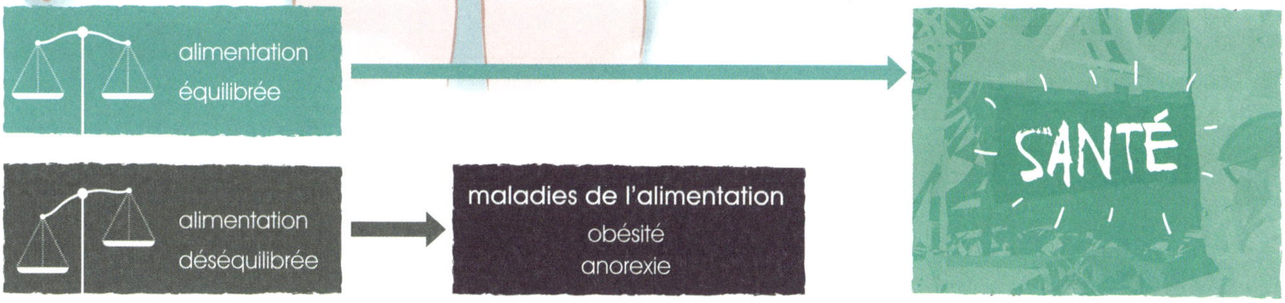

Formuler un résumé du chapitre

Exercices

Tester ses connaissances

1 QCM **Pour chaque affirmation, cocher la seule proposition exacte.**

a. Une alimentation équilibrée correspond à :
- ☐ plus d'apports que de besoins
- ☐ autant d'apports que de besoins
- ☐ moins d'apports que de besoins

b Les nutriments sont absorbés dans :
- ☐ l'estomac
- ☐ l'intestin grêle
- ☐ le gros intestin

2 Vrai ou Faux **Indiquer si les propositions sont vraies ou fausses.**

	Vrai	Faux
a. Tous les êtres humains ont les mêmes besoins.	☐	☐
b. Une alimentation déséquilibrée est dangereuse pour la santé.	☐	☐
c. Les micro-organismes sont essentiels à la digestion.	☐	☐
d. Il n'existe qu'un seul régime alimentaire équilibré.	☐	☐

Utiliser ses connaissances

3 La digestion du pain

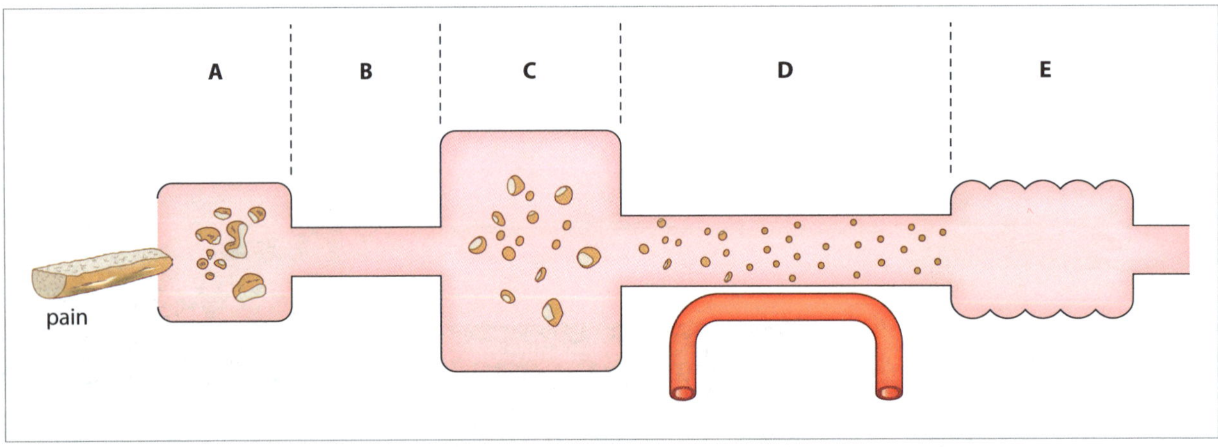

1. Identifier les organes du tube digestif.

A : .... B : .... C : ....

D : .... E : ....

2. Expliquer le devenir du pain tout au long du tube digestif.

....

....

....

....

....

Vers le BREVET

4 Intolérance au lactose

Depuis ses 25 ans, Marie se sent ballonnée, elle présente d'intenses maux de ventre et des gaz lorsqu'elle boit du lait. Elle décide de consulter un médecin car elle est inquiète, surtout qu'elle mange de façon très équilibrée.

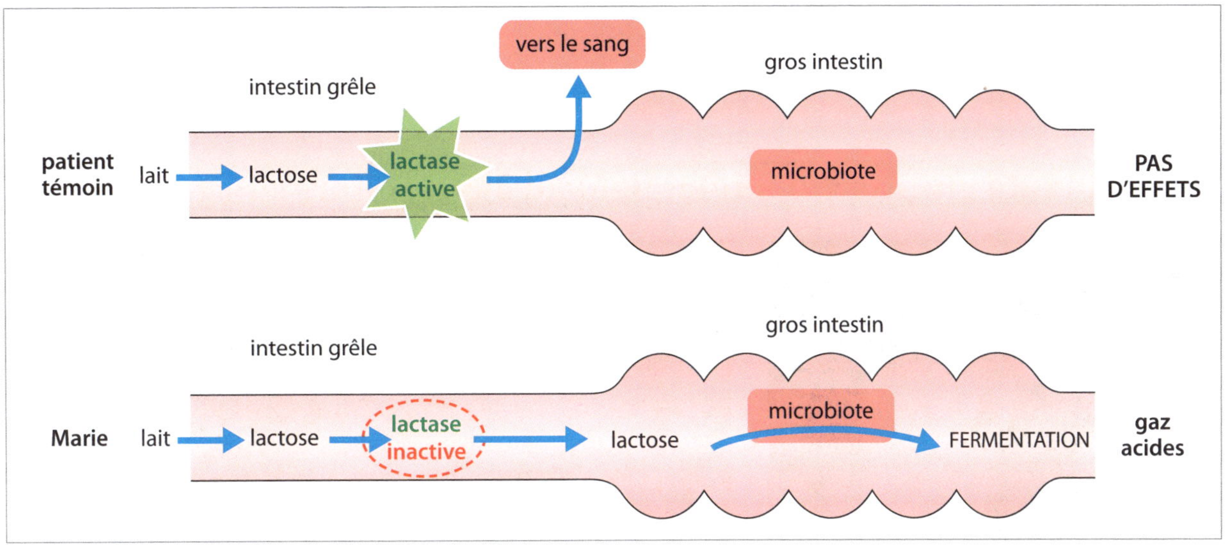

La lactase est une enzyme produite exclusivement par l'intestin grêle. Elle permet la digestion du lactose.

Activité de la lactase dans l'intestin		
naissance	enfance	âge adulte
100 %	variable	5 à 10 %

Doc. 1 L'intolérance au lactose.

Produits laitiers		Autres aliments
Avec lactose (riche en calcium)	**Sans lactose**	**Riche en calcium**
• Lait de vache • Yaourt, fromage blanc • Fromage • Beurre • Crème fraîche	• Lait de soja, de riz, d'amande • Yaourt de brebis, de chèvre • Fromage de brebis, de chèvre • Margarine végétale • Crème de riz, de soja	• Amande • Chou frisé • Brocolis • Figue

Doc. 2 Divers aliments et leur caractéristiques nutritionnelles.

Consigne : En vous mettant à la place du médecin, expliquer à Marie l'origine de ses symptômes et les conseils nutritionnels qu'elle doit adopter.

....

....

....

....

....

....

....

....

....

....

....

UNITÉ 13

Les effets de l'effort physique sur l'organisme

L'organisme humain réalise une grande diversité d'activités.
Au quotidien, son fonctionnement peut s'en trouver, selon le cas, modifié.

Formulons le problème

....

Observer et mesurer les manifestations de l'effort physique sur le terrain

Doc. 1 **Matéo, 12 ans, participe à une course de relais au stade du collège.**

« C'était épuisant, au bout de 10 minutes de course, j'avais chaud, j'étouffais, je n'arrivais plus à respirer. De la transpiration s'est mise à couler le long de mes tempes, mon cœur battait tellement vite que j'ai cru qu'il allait exploser ! Mais j'ai réussi à terminer la course, maintenant je ne désire qu'une seule chose : boire de l'eau fraîche et me reposer. »

Doc. 2 **Témoignage de Matéo à l'arrivée.**

1 **Souligner, dans le témoignage de Matéo, les modifications observables de l'organisme lors d'un effort physique.**

Doc. 3 **Des mesures du rythme cardiaque.** Après une course d'endurance, le professeur d'EPS demande aux élèves de mesurer leur rythme cardiaque. Cette mesure peut être effectuée grâce à une montre-bracelet de manière continue et en temps réel. Elle peut aussi être réalisée à l'arrêt en prenant le pouls.

Réaliser une mesure

Mesurer son rythme cardiaque en prenant son pouls ou grâce à une montre connectée, **avant**, **pendant** et **après** un effort.

1. **Avant l'effort :** rester assis, calme.
2. **Effort :** juste à l'arrivée de la course.
3. **Après l'effort :** rester assis pendant 5 minutes au moins.

2 **Compléter le tableau suivant.**

	Au repos, avant l'effort	À la fin de l'effort	Au repos, après l'effort
Rythme cardiaque (battements/min)	....	....	....

3 **Interpréter les résultats obtenus.**

....

....

Mesurer d'autres manifestations de l'activité physique au laboratoire

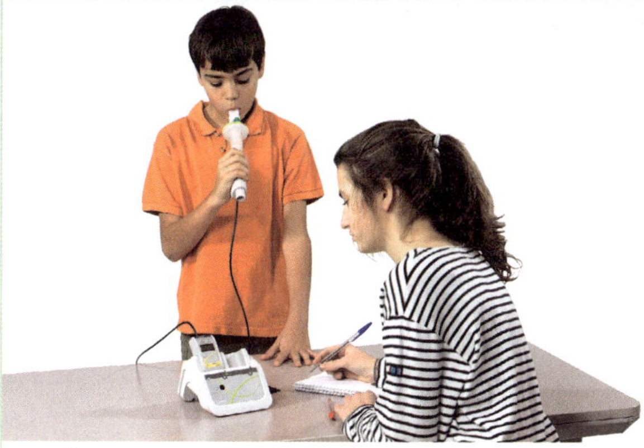

Doc. 4 La mesure du rythme respiratoire.

Réaliser une mesure

Mesurer le volume d'air inspiré et expiré **avant**, **pendant** et **après** un effort de façon continue à l'aide d'un dispositif ExAO (spiromètre).

1. **Avant l'effort :** rester assis, calme.
2. **Effort :** réaliser des flexions pendant 30 secondes.
3. **Après l'effort :** rester assis pendant 1 minute au moins.

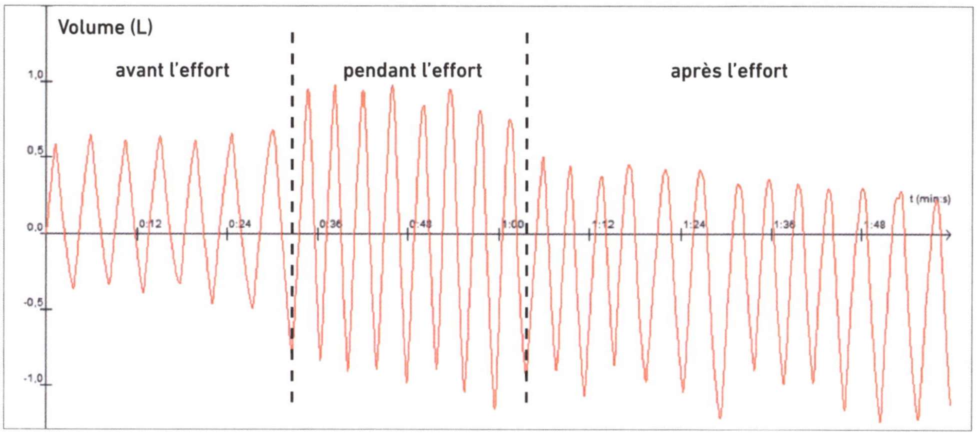

Doc. 5 Enregistrement du volume d'air inspiré et expiré lors d'un effort physique.

4 Compléter le tableau ci-dessous.

	Au repos, avant l'effort	Pendant l'effort	Au repos, après l'effort
Nombre de cycles respiratoires comptés sur 30 secondes	....	....	....
Rythme respiratoire (cycles ventilatoires/minute)	....	....	....
Volume d'air échangé à chaque inspiration (litres)	....	....	....

5 Indiquer les modifications respiratoires qui ont lieu lors d'un effort physique.

....

....

Les définitions

- **Pouls :** battements ressentis au niveau des vaisseaux sanguins du poignet et provoqués par les contractions cardiaques.
- **Rythme cardiaque :** nombre de battements cardiaques par minute.
- **Rythme respiratoire :** nombre de cycles respiratoires (inspiration + expiration) par minute.

Notion à retenir

6 En conclusion, rédiger une réponse au problème posé.

....

....

....

UNITÉ 14 Les modifications cardiaques lors d'un effort physique

Lors d'un effort physique, le rythme cardiaque s'accélère, il revient à sa valeur initiale au bout d'un certain temps de repos.

Formulons le problème

....

Comprendre la circulation du sang dans le cœur

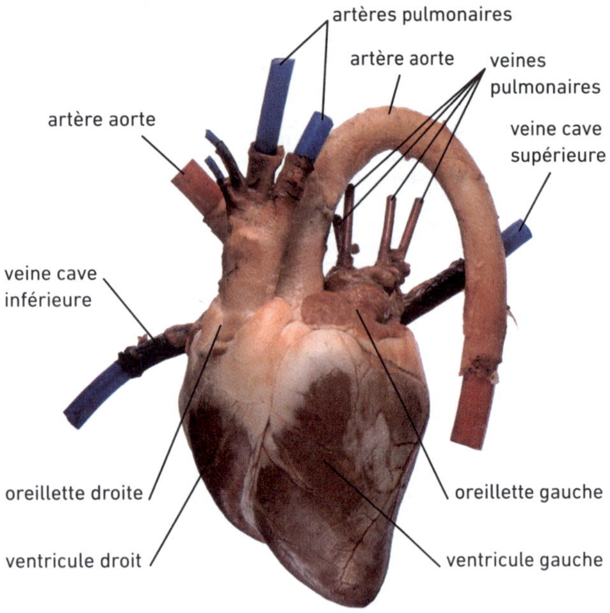

Doc. 1 Vue externe d'un cœur de mouton.

Interpréter une expérience

1. De l'eau colorée est injectée par un tuyau dans les principaux vaisseaux du cœur.
2. On observe par où l'eau ressort.

Vidéo à visionner

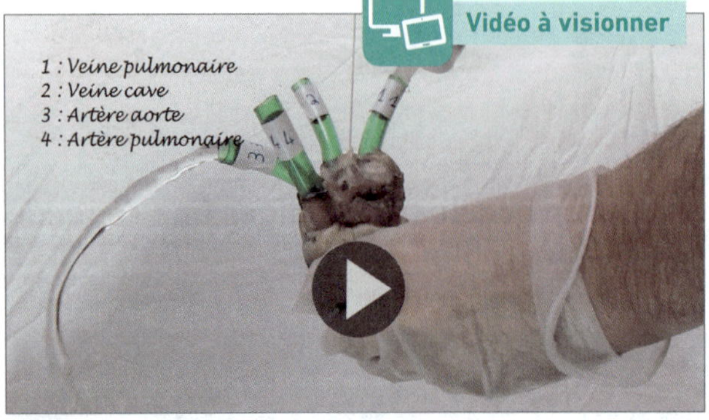

Doc. 2 Le trajet du sang dans le cœur.

1 Légender et titrer le schéma ci-dessous.

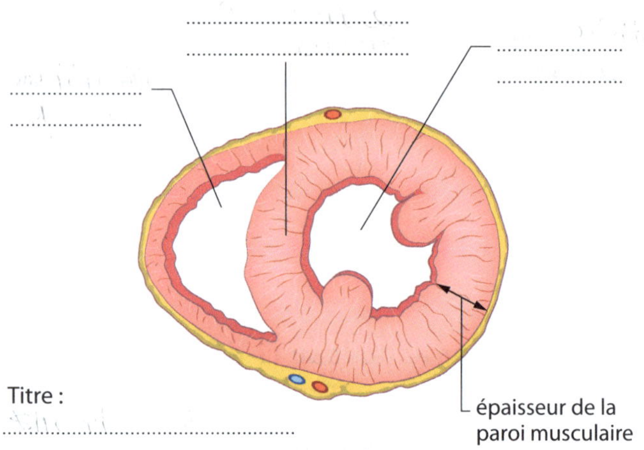

Titre : ....

....

2 Comparer l'épaisseur des parois musculaires des deux ventricules.

....

....

3 Visionner la vidéo de l'expérience et compléter le tableau.

Lieu d'injection de l'eau	Lieu où ressort l'eau
Artère pulmonaire	....
Veine cave	....
Aorte	....
Veines pulmonaires	....

Expliquer l'augmentation du rythme cardiaque lors d'un effort physique

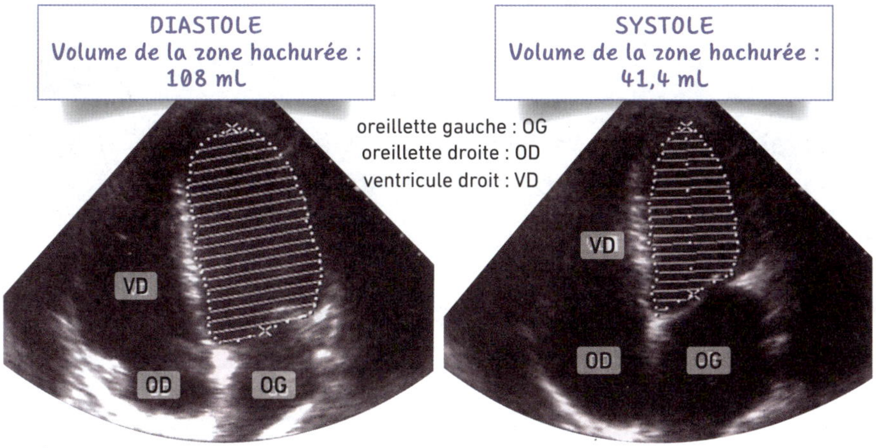

Doc. 3 Circulation du sang dans le cœur à deux moments successifs. Quand le cœur se relâche (diastole), les oreillettes, puis les ventricules se remplissent. Le cœur se contracte alors (systole), le sang est éjecté par les artères.

	Au repos	À l'effort
Cerveau	15 %	4,3 %
Muscles	20 %	72 %
Cœur	4 %	4,3 %
Autres organes	61 %	19,4 %

Doc. 4 La distribution du sang aux organes lors d'un effort physique. Le corps humain contient 5 L de sang. Au repos, le cœur propulse 5,6 L de sang par minute. Lors d'un effort modéré, le cœur expulse 17,5 L de sang par minute.

4 Quel est le volume de sang éjecté à chaque systole ?

....

5 Compléter le schéma en indiquant d'où provient le sang qui remplit chaque oreillette lors du relâchement du cœur et vers où le sang est propulsé lors de sa contraction.

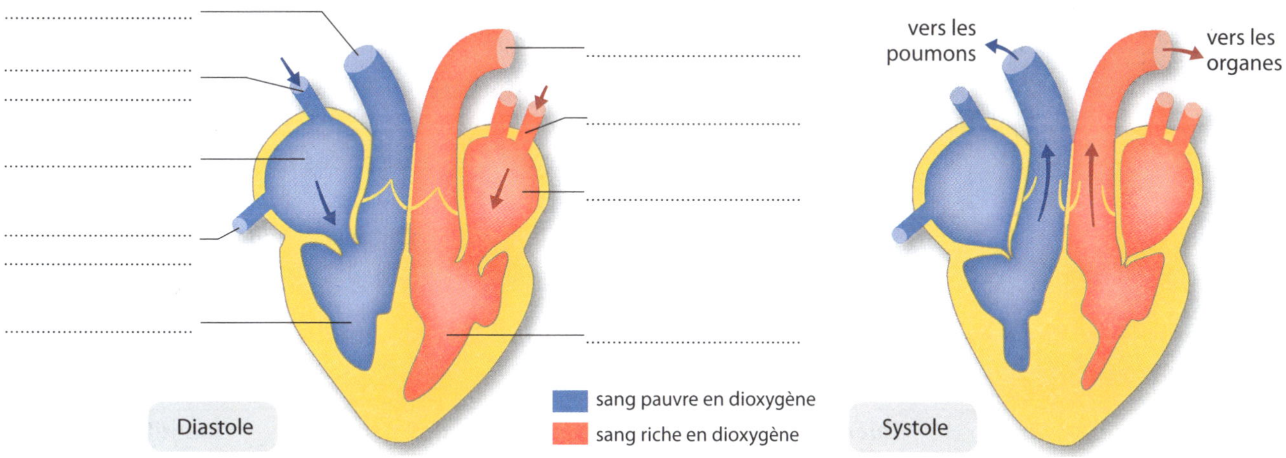

Les définitions

- **Diastole** : période où le cœur est relâché et se remplit de sang.
- **Systole** : période où le cœur est contracté et se vide de sang.

Notion à retenir

6 En conclusion, rédiger une réponse au problème posé.

....
....
....
....
....
....

UNITÉ 15

Les modifications respiratoires lors d'un effort physique

Lors d'un effort physique, le rythme respiratoire augmente, il revient à sa valeur initiale au bout d'un certain temps. La respiration permet de fournir aux organes le dioxygène nécessaire à la réalisation de l'activité musculaire.

Formulons le problème

....

....

Mesurer les besoins de l'organisme pendant un effort physique

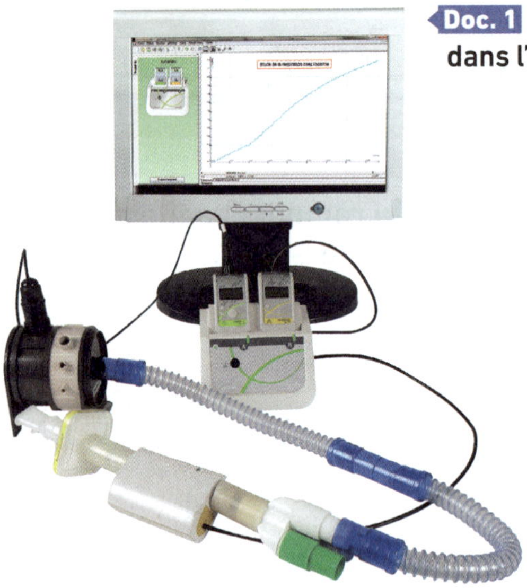

Doc. 1 Dispositif de mesure du volume de dioxygène dans l'air inspiré et dans l'air expiré.

Réaliser une mesure

Mesurer le volume de dioxygène dans l'air inspiré et expiré **avant**, **pendant** et **après** un effort à l'aide d'un dispositif ExAO. Placer l'embout dans la bouche, ne respirer que par la bouche.

1. **Avant l'effort** : rester assis, calme pendant 30 secondes.
2. **Effort modéré** : réaliser des flexions pendant 30 secondes.
3. **Après l'effort** : rester assis pendant 1 minute.

1 Compléter le tableau puis calculer la consommation de dioxygène au repos, pendant et après un effort.

	Quantité de O_2 dans l'air inspiré (%)	Quantité de O_2 dans l'air expiré (%)	Quantité de O_2 consommé (%)	Volume d'air échangé pendant 30 s	Quantité de O_2 consommé sur cette période
Au repos	....	....	....	....	....
Pendant l'effort	....	....	....	....	....
Après l'effort	....	....	....	....	....

2 Exploiter les résultats obtenus pour apporter un élément de réponse au problème posé.

....

....

....

Identifier les adaptations de l'activité respiratoire lors d'un effort physique

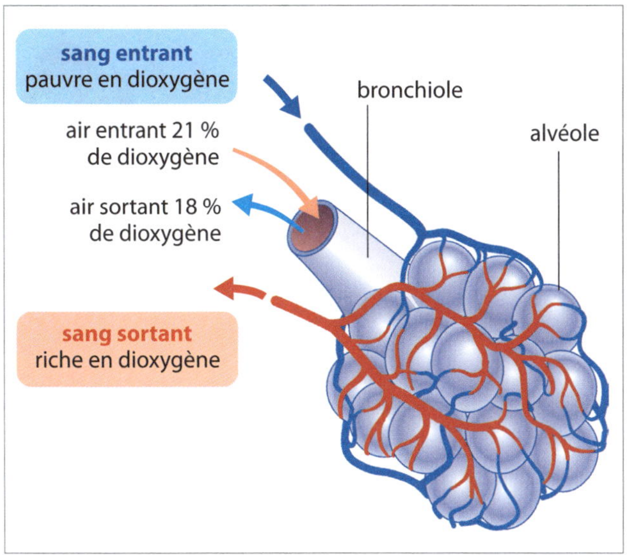

Doc. 2 **Une alvéole pulmonaire, lieu de passage du dioxygène dans le sang.** Les poumons sont constitués de 700 millions de petits sacs, appelés alvéoles pulmonaires, contenant l'air inspiré. Chaque alvéole est tapissée par un très grand nombre de capillaires sanguins.

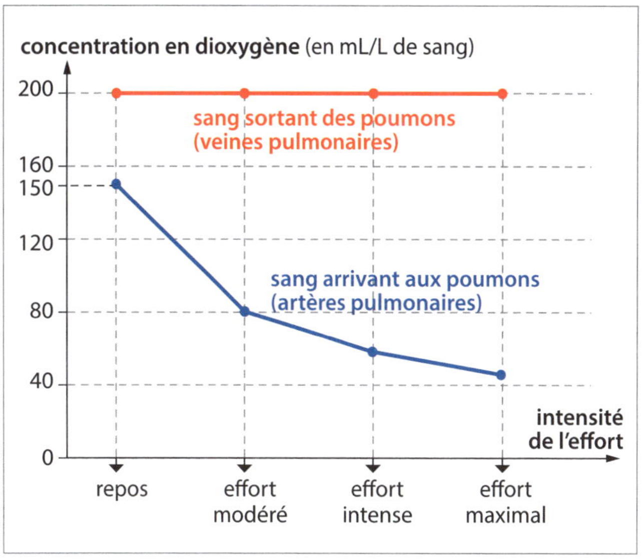

Doc. 3 **Concentration en dioxygène dans le sang entrant et sortant des poumons en fonction de l'intensité de l'effort physique.**

3 Compléter le schéma.

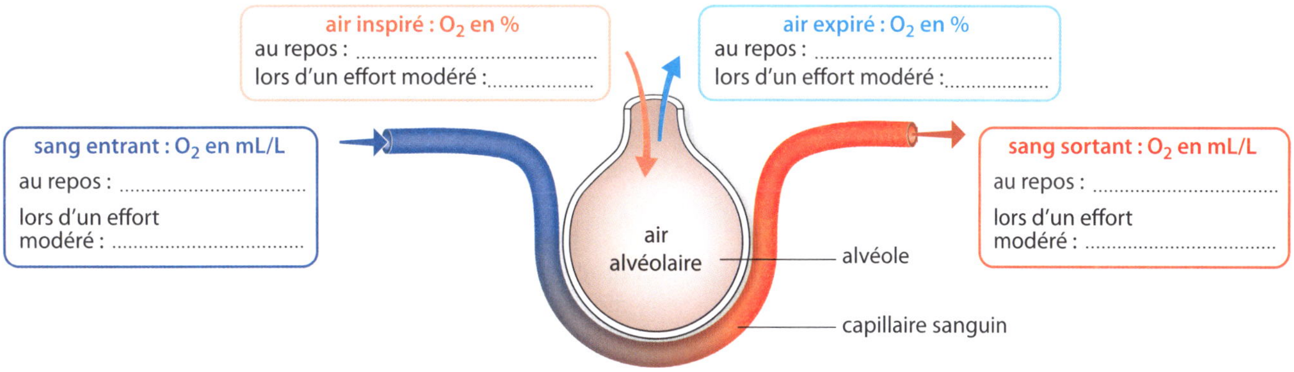

Les définitions

- **Alvéole pulmonaire** : sac microscopique très vascularisé.

Notion à retenir

4 En conclusion, rédiger une réponse au problème posé.

....

....

....

....

....

....

....

UNITÉ 16 Adaptations et limites de l'organisme à l'effort physique

Au cours d'un effort physique, les besoins en dioxygène des muscles augmentent. L'organisme s'adapte par l'augmentation des rythmes respiratoire et cardiaque.

Formulons le problème

....

Identifier les limites de l'organisme

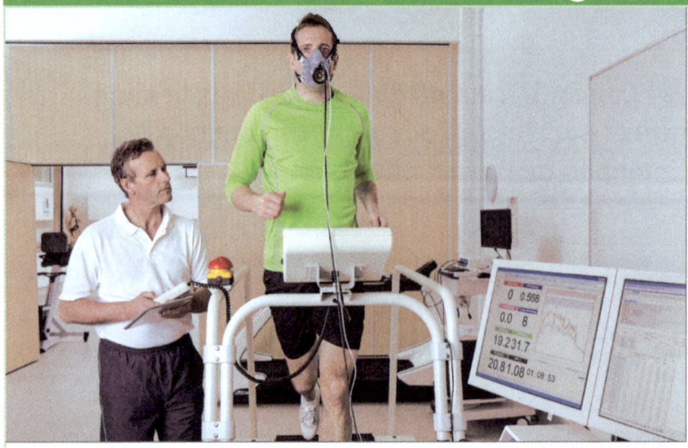

Doc. 1 Mesure de la consommation de dioxygène lors d'un test d'effort. L'intensité de l'effort est liée à la vitesse du tapis roulant. La consommation en dioxygène est mesurée en continu.

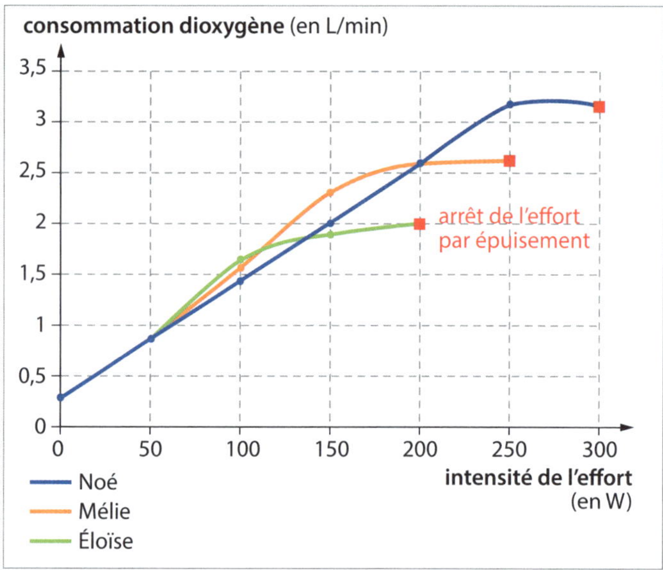

Doc. 2 Évolution de la consommation de dioxygène en fonction de l'intensité de l'effort. Le volume de dioxygène consommé par l'organisme augmente régulièrement jusqu'à atteindre une valeur maximale appelée VO_2 max.

1 **Montrer qu'au-delà d'une certaine intensité de l'effort, l'organisme atteint ses limites.**

....

....

....

....

....

....

....

....

....

....

....

....

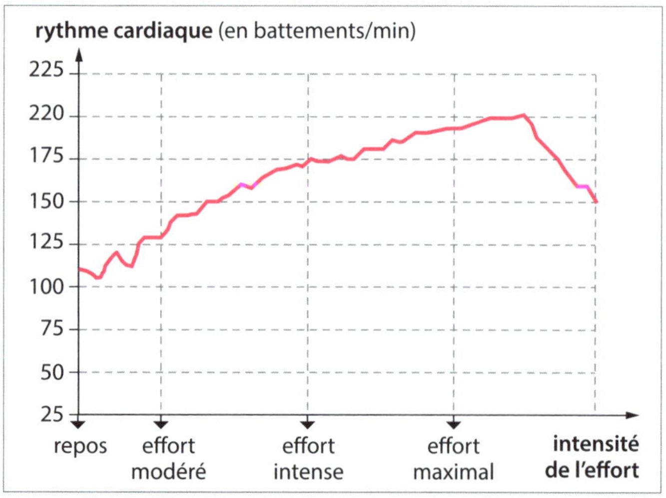

Doc. 3 Variation du rythme cardiaque en fonction de l'intensité de l'effort.

Mesurer les effets de l'entraînement sportif

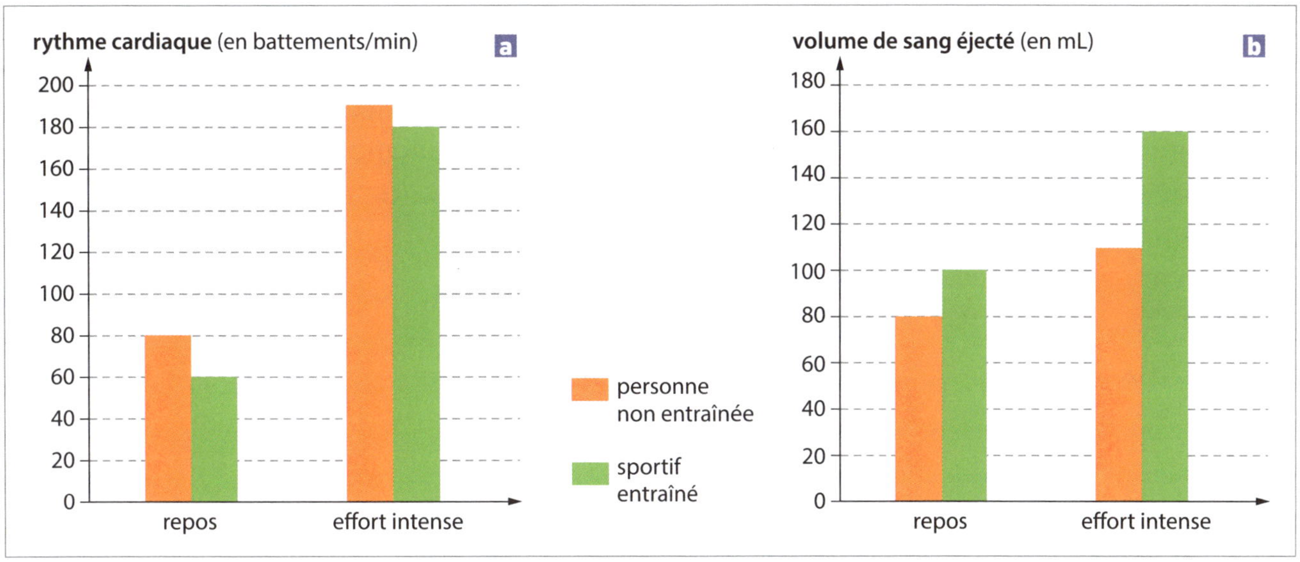

Doc. 4 Évolution du rythme cardiaque **a** et du volume de sang éjecté par le cœur lors de sa contraction **b** au repos ou lors d'un effort intense chez une personne non entraînée et chez un sportif entraîné.

	Individu 1	Individu 2	Individu 3
Part de glucides dans l'alimentation	5 %	50 %	82 %
Durée maximale du test à l'effort (minutes)	62	110	190

Doc. 5 Effet de l'alimentation sur les performances.

Interpréter une expérience

Des rations de même quantité mais avec des proportions de glucides variables sont consommées par 3 individus ayant des performances sportives identiques.

2 Montrer que l'entraînement permet d'augmenter l'apport en dioxygène et améliore les performances sportives.

3 Indiquer l'effet du régime alimentaire sur l'effort physique.

Les définitions

- **VO_2 max** : volume maximal de dioxygène pouvant être consommé lors d'un effort.

Notion à retenir

4 En conclusion, rédiger une réponse au problème posé.

UNITÉ 17

La commande du mouvement

La pratique de diverses activités, tant physiques que manuelles ou artistiques, nécessite la réalisation de mouvements musculaires. Ces mouvements doivent être coordonnés à l'échelle de l'organisme.

Formulons le problème

....

....

Mettre en évidence la relation entre les organes du corps

Doc. 1 Darol Kubacz escalade le Kilimandjaro (Tanzanie). Suite à un accident lors d'un entraînement, la moelle épinière de Darol Kubacz est rompue. Il perd l'usage de ses jambes. Il n'arrête pas le sport pour autant : il pratique la plongée, la course, le ski alpin et le parapente, mais il développe aussi le handbike. Sa performance réalisée sur le Kilimandjaro montre que, pour lui, tout sport peut être pratiqué, il suffit de l'adapter.

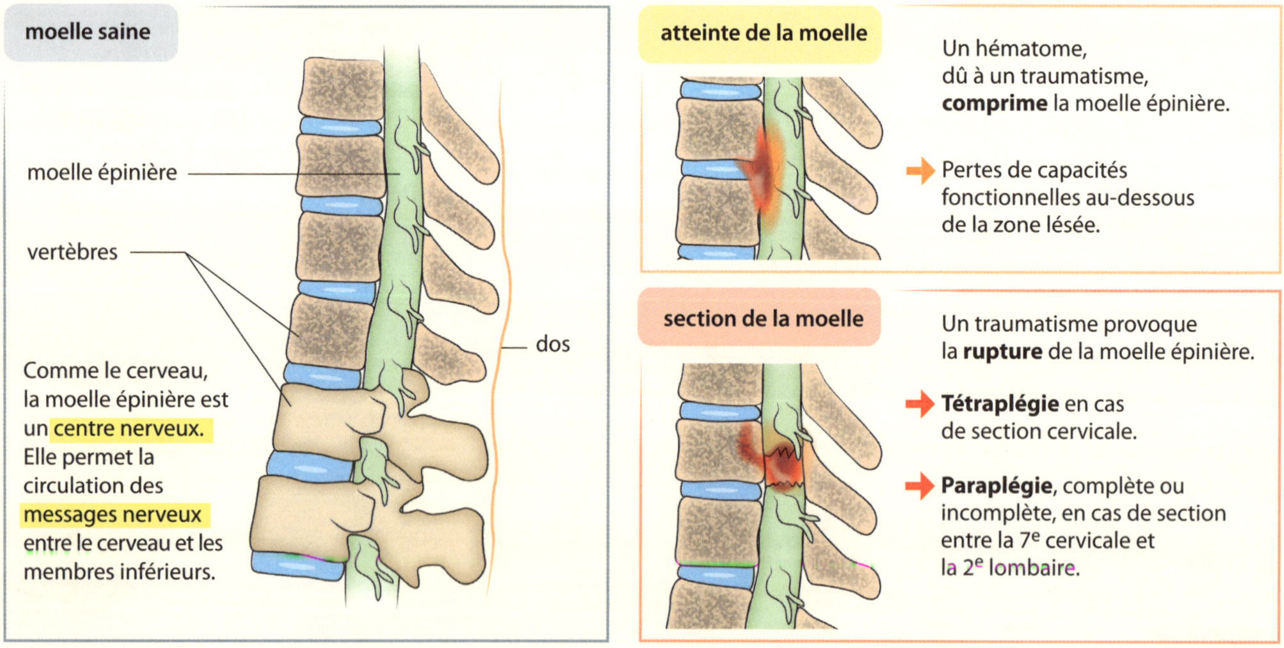

Doc. 2 Les conséquences de blessures au niveau de la moelle épinière.

1 Quel est le rôle de la moelle épinière ?

....

....

....

Observer l'organisation du système nerveux

2 **Légender la photographie de la grenouille et ajouter un titre.**

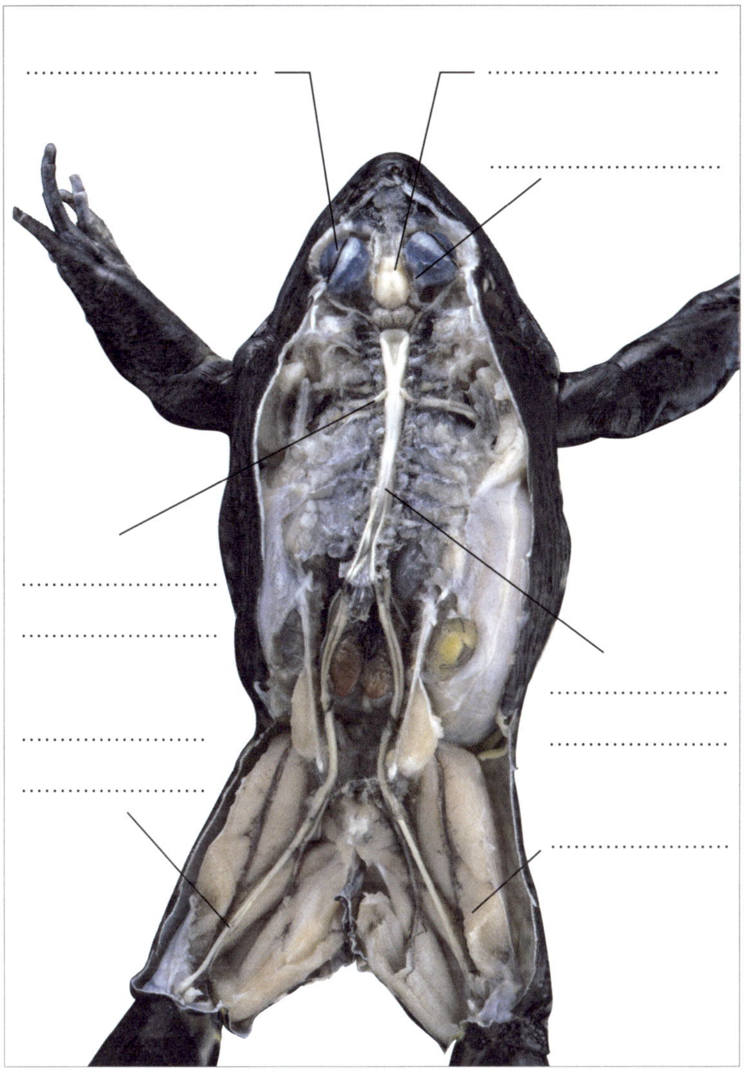

Titre :

....

....

3 **Réaliser un dessin d'observation du système nerveux de la grenouille.**

4 **Quels sont les liens entre les yeux et les muscles ?**

....

....

....

....

....

....

Les définitions

- **Nerf** : structure capable de transmettre un message nerveux.
- **Message nerveux** : message transmis suite à un stimulus initial.
- **Centre nerveux** : structure capable de recevoir un message nerveux, de le traiter et de renvoyer un nouveau message nerveux.

Notion à retenir

5 **En conclusion, rédiger une réponse au problème posé.**

....

....

....

....

UNITÉ 18 La perception de l'environnement

La pratique d'un sport, mais aussi de toutes les activités d'un être humain, nécessite la perception de l'environnement.

Formulons le problème

....

Observer les organes qui permettent la réception des informations

Doc. 1 **Divers organes des sens stimulés lors d'un trajet en vélo.**

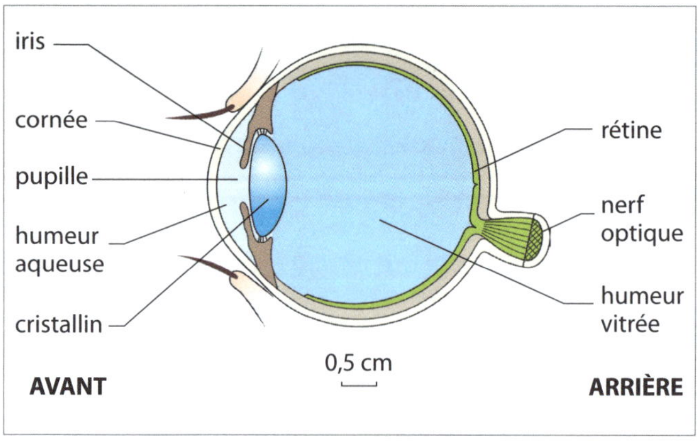

Doc. 2 **L'œil, organe spécialisé dans la réception des informations visuelles.** Les rayons lumineux qui proviennent des objets arrivent sur la rétine, terminaison du nerf optique. Elle permet la transformation de l'information lumineuse (sensation) en messages nerveux sensitifs.

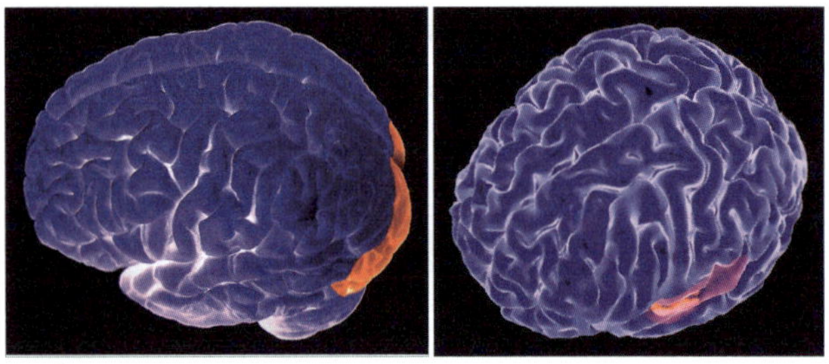

Doc. 3 **IRM fonctionnelles du cerveau d'un individu observant un objet, puis écoutant un signal sonore.** Le principe de l'IRM fonctionnelle repose sur la détection des zones particulièrement actives du cerveau. Les zones actives sont alors colorées artificiellement.

1 **Indiquer quels sens peuvent être stimulés lors d'un trajet à vélo.**

....

....

....

2 **À l'aide de la définition, expliquer pourquoi l'œil et l'oreille sont des récepteurs sensoriels.**

....

....

....

3 **Quel est le rôle du cerveau dans la reconstitution des informations sensitives ?**

....

....

Comprendre la transmission des informations jusqu'au cerveau

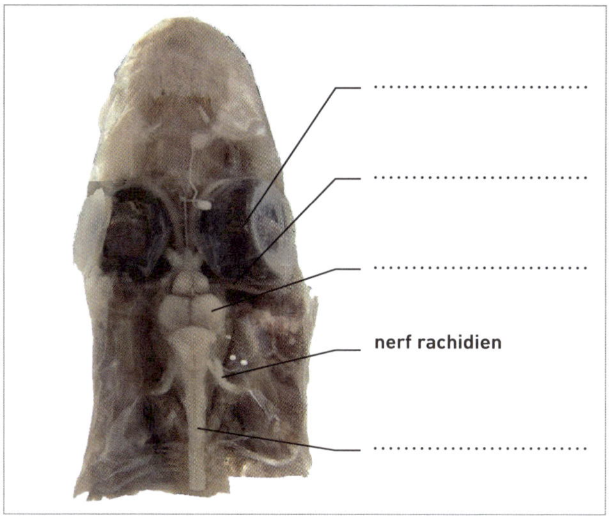

Doc. 4 Dissection du système nerveux d'un poisson (vu à l'œil nu).

Réaliser une dissection

1. Mettre le poisson sur le ventre dans la cuvette.
2. À l'aide de la pince, retirer la peau au-dessus de la tête.
3. À l'aide des ciseaux, découper la boîte crânienne sur les deux côtés (au-dessus des yeux) en partant de l'arrière du crâne vers l'avant.
4. Utiliser les ciseaux pour retirer cette partie du crâne.
5. Retirer à l'aide de pinces la chair jusqu'à découvrir le lien entre les yeux et le cerveau.

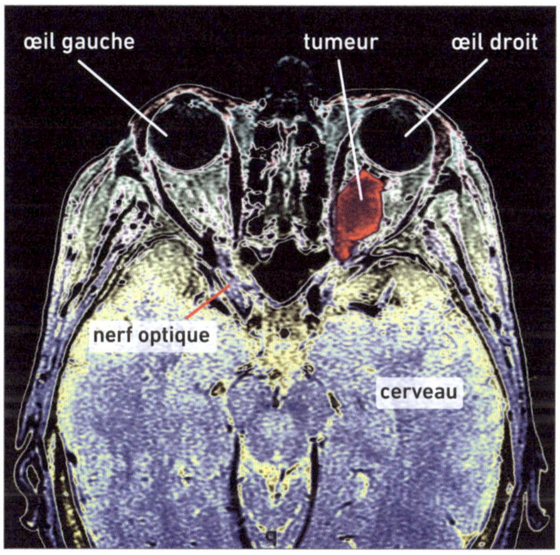

Doc. 5 Rôle des nerfs dans la transmission des informations. IRM du cerveau chez un patient ayant une tumeur sur le nerf optique de l'œil droit. Le patient est aveugle avec cet œil. Après avoir retiré la tumeur, le patient retrouve une vue presque totale.

4 Légender la photographie de la dissection avec les légendes suivantes : œil, nerf optique, cerveau, moelle épinière.

5 Quel est le rôle du nerf optique dans la vision ?

....

....

....

....

....

6 Replacer les mots suivants dans le schéma : message nerveux sensitif, récepteur sensoriel environnement, cerveau.

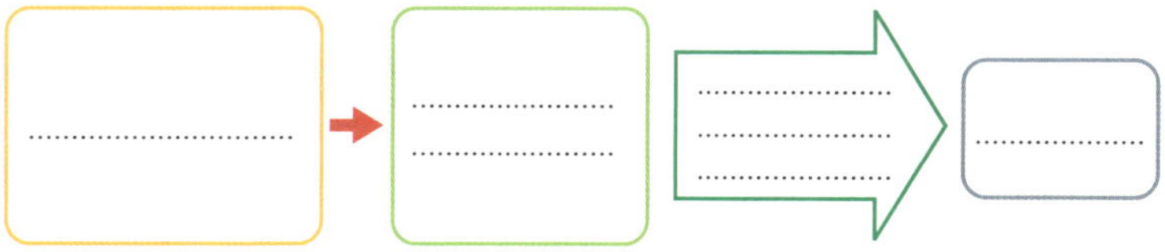

Les définitions

- **IRM** : imagerie par résonnance magnétique.
- **Récepteur sensoriel** : organe qui reçoit l'information sensorielle et transmet un message nerveux au cerveau.
- **Message nerveux sensitif** : message nerveux issu d'un récepteur sensoriel, en direction d'un centre nerveux.

Notion à retenir

7 En conclusion, rédiger une réponse au problème posé.

....

....

....

....

....

UNITÉ 19

De la perception au mouvement

La perception de l'environnement est réalisée grâce à des organes sensoriels. De ceux-ci partent des messages nerveux sensitifs vers les centres nerveux.

Formulons le problème

....

....

Comprendre le rôle des nerfs

Utiliser un logiciel

1 Télécharger le logiciel CMD.

2 Sectionner une partie du système nerveux de la grenouille. Rejouez la scène pour visualiser les conséquences.

1 Compléter le tableau avec vos observations et conclusions.

Partie du système nerveux sectionné		Comportement de la grenouille à l'approche de l'homme	Conclusions
	État de la grenouille : intact		
	État de la grenouille : nerf optique sectionné		
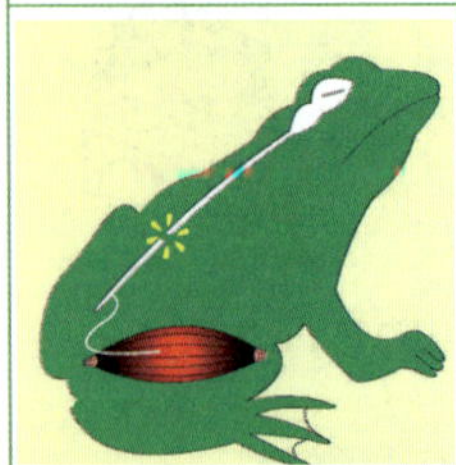	État de la grenouille : moelle épinière sectionnée		
	État de la grenouille : nerf moteur sectionné		

Comprendre le rôle du cerveau

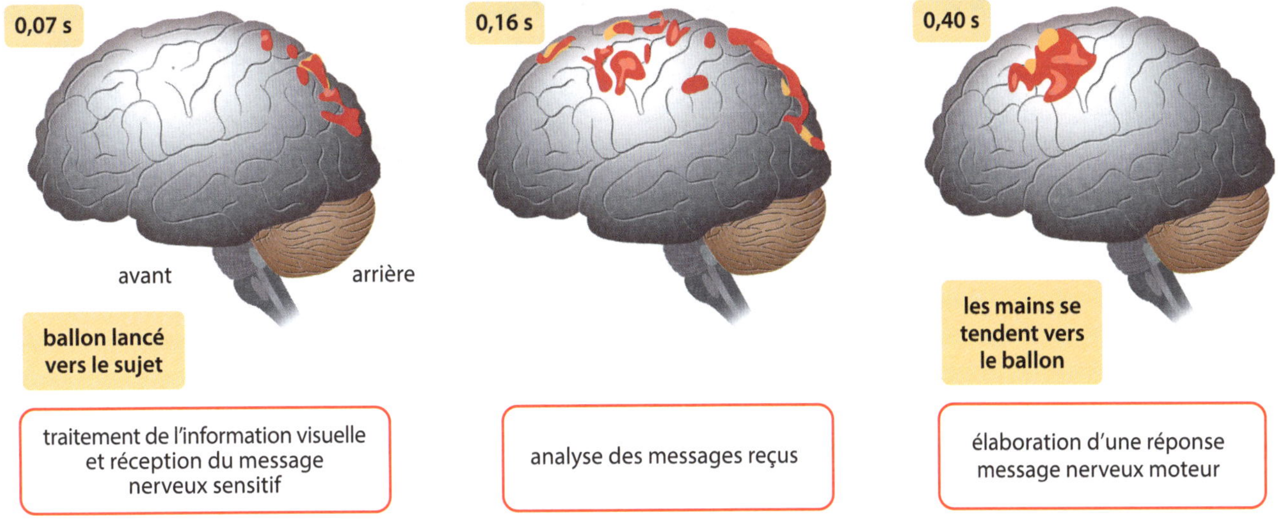

Doc. 1 IRM fonctionnelles successives présentant la transmission des messages nerveux.

2 Tracer le trajet de l'information sur le schéma.

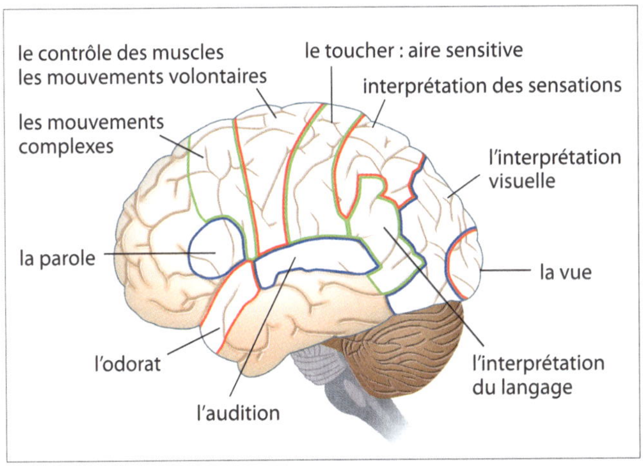

Le cerveau est un centre nerveux complexe. Il est composé de plus de 100 milliards de cellules nerveuses. Pour fonctionner, le cerveau utilise un type de glucides particuliers, le glucose, et il consomme beaucoup de dioxygène. Alors qu'il ne représente que 2 % du poids du corps (1,3 à 1,4 kg), il concentre 15 % des apports sanguins au repos, et 4 % à l'effort.

Le cerveau est divisé en deux hémisphères. Différentes zones, chacune spécialisée, peuvent être définies dans ces lobes : les aires cérébrales.

Doc. 2 Le cerveau humain.

Les définitions

- **Effecteur** : organe capable de réaliser un mouvement lorsqu'un message nerveux arrive.
- **Nerf optique** : nerf transportant les messages nerveux visuels.
- **Nerf moteur** : nerf transportant un message nerveux moteur qui permet la contraction des muscles.

Notion à retenir

3 En conclusion, compléter le schéma suivant pour répondre au problème posé.

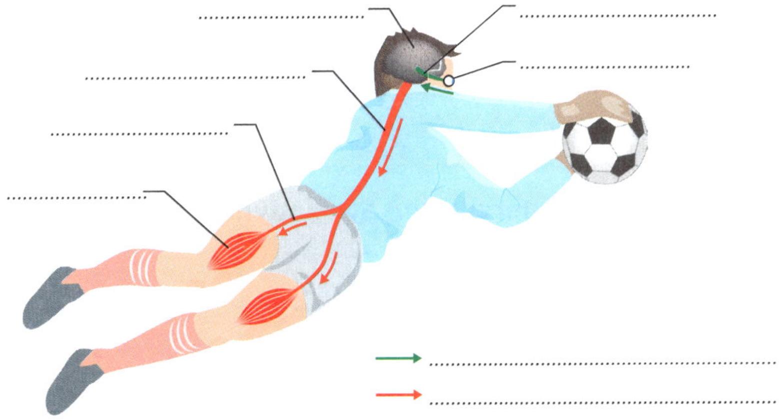

BILAN Rythmes cardiaque et respiratoire, effort physique

Formuler les notions clés

UNITÉ 13 Les effets de l'effort physique sur l'organisme

UNITÉ 14 Les modifications cardiaques lors d'un effort physique

UNITÉ 15 Les modifications respiratoires lors d'un effort physique

UNITÉ 16 Adaptations et limites de l'organisme à l'effort physique

UNITÉ 17 La commande du mouvement

UNITÉ 18 La perception de l'environnement

UNITÉ 19 De la perception au mouvement

Retenir par l'image

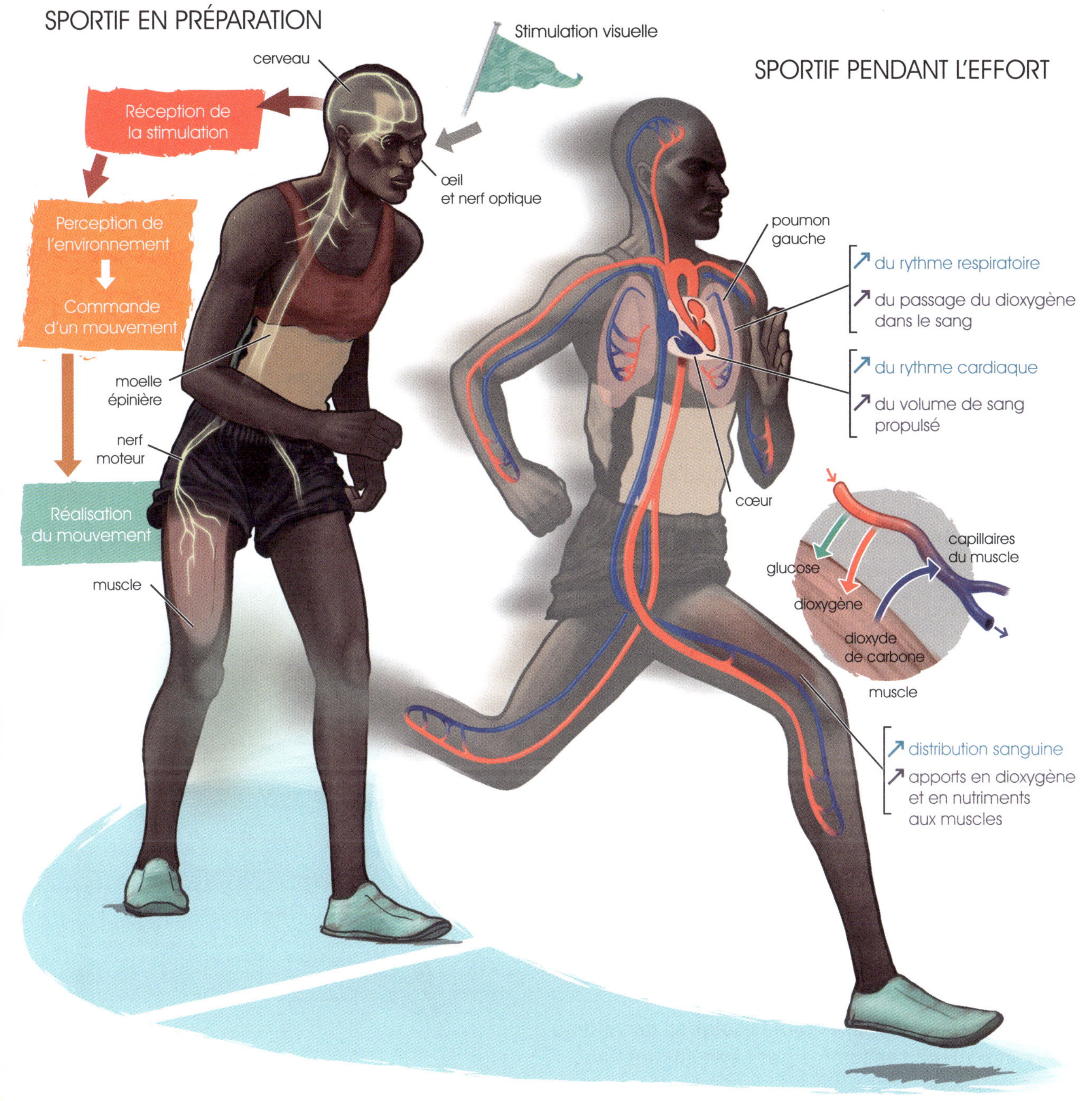

Formuler un résumé du chapitre

....

....

....

....

....

....

Exercices

Tester ses connaissances

1 QCM **Pour chaque affirmation, cocher la seule proposition exacte.**

a. Lors d'un effort physique, le rythme respiratoire augmente. Cela signifie que :
- ☐ il y a plus d'inspirations que d'expirations
- ☐ il y a plus d'expirations que d'inspirations
- ☐ le cœur bat plus vite
- ☐ le nombre de cycles respiratoires augmente

b. Le VO_2 max correspond:
- ☐ au temps maximal de l'effort réalisé par un individu jusqu'à l'épuisement
- ☐ au volume maximal de dioxygène consommé par un individu lors d'un effort
- ☐ à l'intensité maximale de l'effort pouvant être réalisé par un individu

2 Vrai ou Faux **Indiquer si les propositions sont vraies ou fausses.**

	Vrai	Faux
a. Au repos, les organes ne consomment pas de dioxygène.	☐	☐
b. Quand l'intensité de l'effort augmente, les muscles consomment moins de dioxygène.	☐	☐
c. La contraction du cœur provoque l'expulsion du sang dans les vaisseaux sanguins.	☐	☐
d. Lors d'un effort physique, le sang est envoyé en priorité vers le cerveau.	☐	☐

Utiliser ses connaissances

3 VO_2 max

Léon a été admis à l'Institut national de formation du footballeur de Clairefontaine.
Sa consommation de dioxygène est mesurée lors d'une série d'exercices (5 minutes) sur une bicyclette. Entre chaque exercice, l'intensité de l'effort est augmentée.

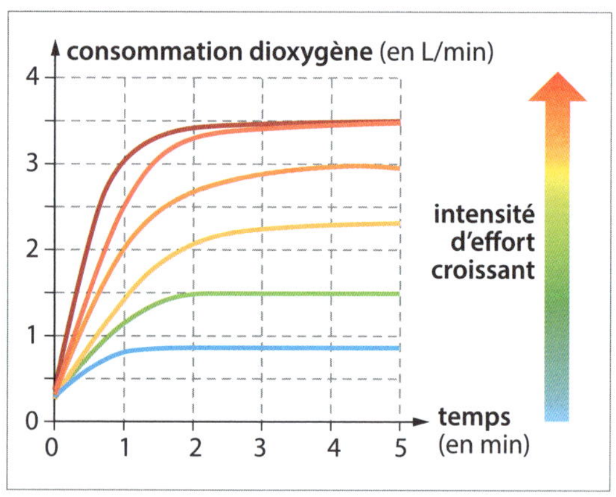

1. Le graphique représente l'évolution du volume de dioxygène consommé par Léon en fonction :
- ☐ du temps
- ☐ de la puissance musculaire
- ☐ de l'intensité de l'effort
- ☐ du temps et de l'intensité de l'effort

2. Léon possède un VO_2 max de :
☐ 2,2 L/min ☐ 3 L/min ☐ 3,5 L/min

3. Montrer que l'augmentation de la consommation de dioxygène lors d'un effort d'intensité croissante est limitée.

....

....

....

....

....

Vers le BREVET

4 Faire du sport pour éviter le surpoids

En France, 18 % des enfants âgés de 3 à 17 ans sont en surpoids. Maxime, 15 ans, fait partie de cette catégorie d'enfants. Aidés d'un nutritionniste, Maxime et sa famille décident de modifier leurs habitudes alimentaires, mais aussi d'avoir une activité physique régulière.

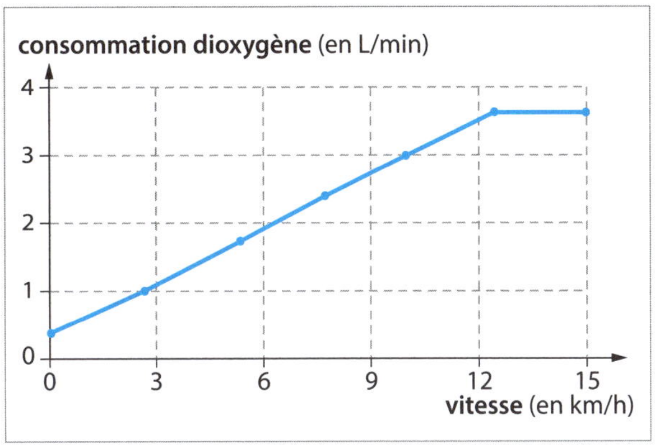

Doc. 1 Consommation de dioxygène en fonction de la vitesse de l'exercice. Pour mettre en place une activité physique adaptée d'abord à une perte de poids, Maxime effectue un test sur un tapis roulant dont la vitesse augmente. Le volume de dioxygène consommé est mesuré pour des vitesses croissantes de tapis.

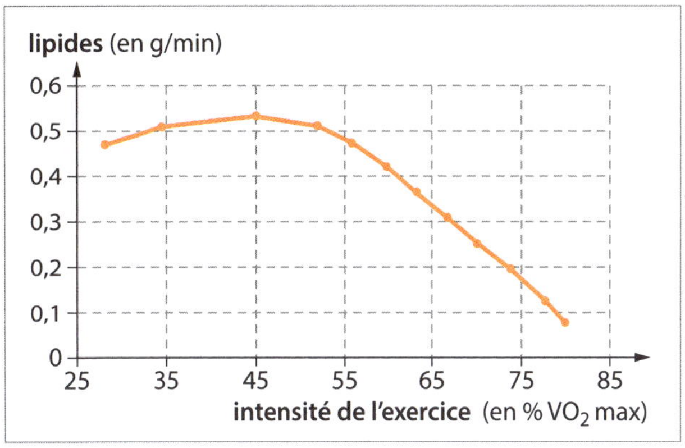

Doc. 2 Consommation des lipides en fonction de l'intensité de l'exercice.

Conseil

Lorsque l'objectif est d'augmenter l'utilisation des lipides comme fournisseurs d'énergie au cours de l'exercice, notamment chez l'enfant et les adolescents obèses, il est conseillé de pratiquer une activité physique d'intensité modérée, de type endurance (35 à 50 % de VO_2 max) et d'une durée prolongée (au moins 20 minutes).

Doc. 3 Recommandations du ministère de la Santé et des Sports.

Consigne : Utiliser les recommandations du ministère de la Santé et des Sports pour expliquer à Maxime comment une activité physique de type endurance peut lui permettre de perdre du poids.

....

....

....

....

....

....

UNITÉ 20

Écosystèmes et biodiversité

Les êtres vivants ne sont pas les mêmes selon les milieux où on les rencontre à la surface de la Terre. Il existe ainsi une grande diversité des êtres vivants au sein des milieux.

Formulons le problème

....

Observer la biodiversité d'un écosystème

1 **Compléter les fiches d'identité de chaque espèce avec le numéro correspondant au schéma et le groupe auquel appartient l'espèce, en vous reportant à la classification figurant sur les rabats de couverture.**

Doc. 1 L'ensemble des êtres vivants rencontrés constitue la biodiversité du milieu.

Iris des marais *Iris pseudacorus* .....
- **Groupe :** ....
- **Milieu de vie :** bord de l'eau
- **Éléments nutritifs :** eau, sels minéraux

Grenouille agile *Rana dalmatina* .....
- **Groupe :** ....
- **Milieu de vie :** au bord des mares
- **Régime alimentaire :** libellules, mouches

Libellule *Aeschna grandis* .....
- **Groupe :** ....
- **Milieu de vie :** larve dans l'eau, adulte dans l'air
- **Régime alimentaire:** insectes

Ver de vase *Chironomus pulposus* .....
- **Groupe :** ....
- **Milieu de vie :** eau (larve chenille), air (adulte)
- **Régime alimentaire:** débris végétaux

Bolet des bords de mare *Boletus ripariellus* .....
- **Groupe :** ....
- **Milieu de vie :** bord de l'eau
- **Éléments nutritifs :** matière organique en décomposition

Héron cendré *Ardea cinerea* .....
- **Groupe :** ....
- **Milieu de vie :** aux abords des mares
- **Régime alimentaire :** grenouilles, poissons

Comprendre les relations entre les êtres vivants d'un écosystème

Dans un écosystème, chaque être vivant se nourrit d'autres espèces ou d'éléments minéraux afin d'assurer sa survie. Ainsi beaucoup d'espèces en mangent d'autres (proies) et sont à leur tour mangées par leurs prédateurs. L'ensemble de ces relations alimentaires constitue une chaîne alimentaire.

Doc. 2 Une chaîne alimentaire au sein d'un écosystème.

Doc. 3 Héron dévorant une grenouille.

Doc. 4 Grenouille venant de capturer une libellule.

2 Réaliser un schéma de la chaîne alimentaire simplifiée de la mare.
Pour cela, relier les espèces par des flèches : « est mangé par » →

VÉGÉTAUX VERTS •	• CHENILLE
LIBELLULE •	• GRENOUILLE
HÉRON •	

3 Rédiger un court texte pour justifier que la mare constitue un écosystème et montrer que les êtres vivants n'y sont pas présents par hasard.

....

....

....

....

Les définitions

- **Biodiversité** : ensemble de la diversité du vivant en un lieu donné.
- **Écosystème** : ensemble formé par une association d'êtres vivants, ainsi qu'un milieu de vie défini par la température, les précipitations, etc.

Notion à retenir

4 En conclusion, rédiger une réponse au problème posé.

....

....

....

....

....

UNITÉ 21 Répartition des êtres vivants, conditions locales et globales

Au sein des écosystèmes, les êtres vivants entretiennent des relations entre eux (alimentaires, etc.) et avec leur milieu. Les espèces ne sont pas réparties au hasard dans l'environnement.

Formulons le problème

....

Comprendre la répartition des poissons dans une rivière

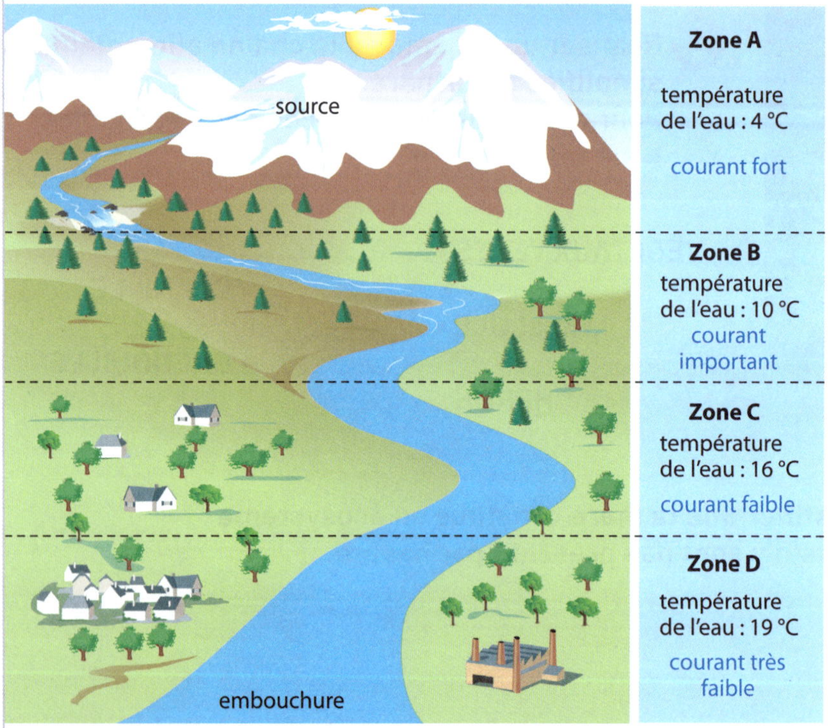

Doc. 1 **Cours d'une rivière et vitesse du courant.**
Certains poissons se retrouvent plus en amont (source) et d'autres plus en aval (embouchure) de la rivière.

Barbeau
▶ **Milieu de vie :** eaux assez bien oxygénées

Ombre commun
▶ **Milieu de vie :** eaux bien oxygénées

Brème
▶ **Milieu de vie :** eaux peu oxygénées

Truite commune
▶ **Milieu de vie :** eaux très bien oxygénées

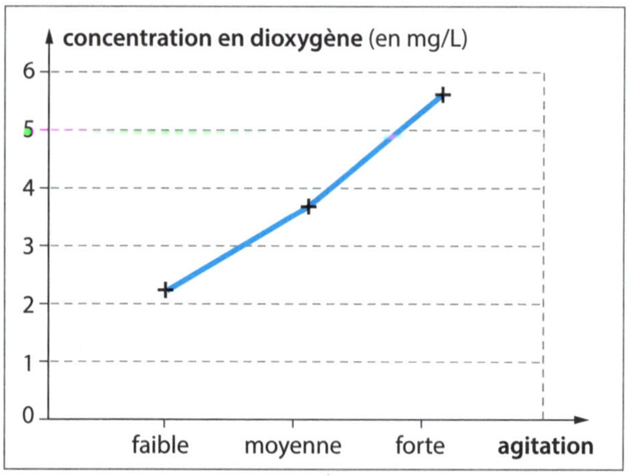

Doc. 2 **Évolution de la concentration en dioxygène dans l'eau en fonction de l'agitation.**

1 Décrire l'évolution de la teneur en dioxygène en fonction de l'agitation de l'eau.

....

....

....

2 Relier le nom de chaque espèce de poisson à sa zone de répartition.

Comprendre le changement de répartition d'une population

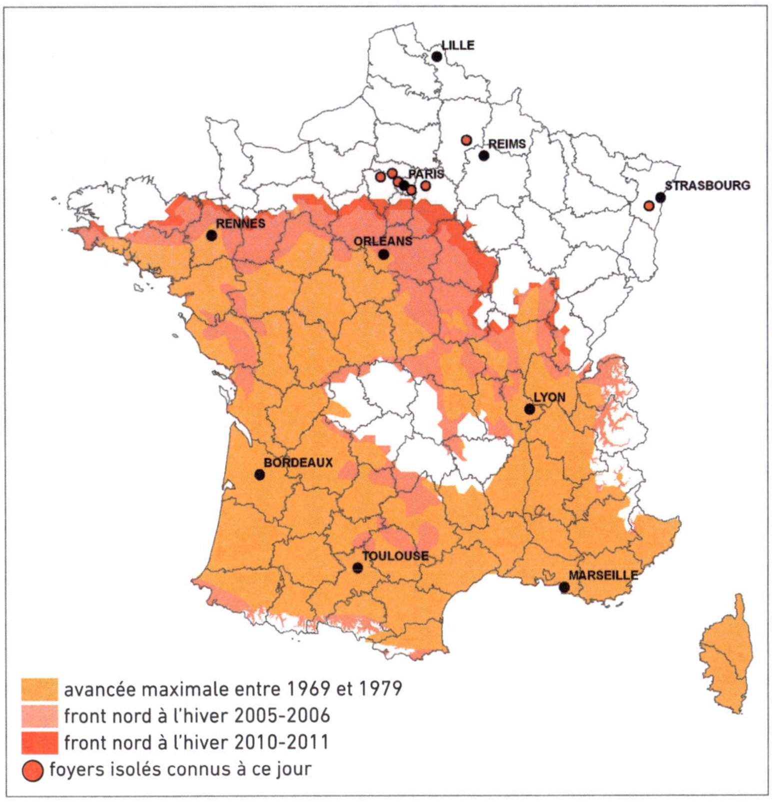

Chenille processionnaire du pin

- **Groupe :** insectes
- **Milieu de vie :** nids de soie sur les pins. Les chenilles sont gravement affectées par des températures supérieures à 32 °C.

Doc. 3 Carte des aires de répartition de la chenille processionnaire du pin en fonction du temps.
Les scientifiques ont suivi des populations de chenilles processionnaires du pin depuis 1969.
En plus des données représentées sur la carte, les chercheurs ont calculé que les populations de chenilles gagnaient entre 3 et 7 mètres d'altitude par an en zone montagneuse.

3 Interpréter l'évolution de l'aire de répartition des populations de la chenille processionnaire du pin.

....
....
....
....
....
....
....

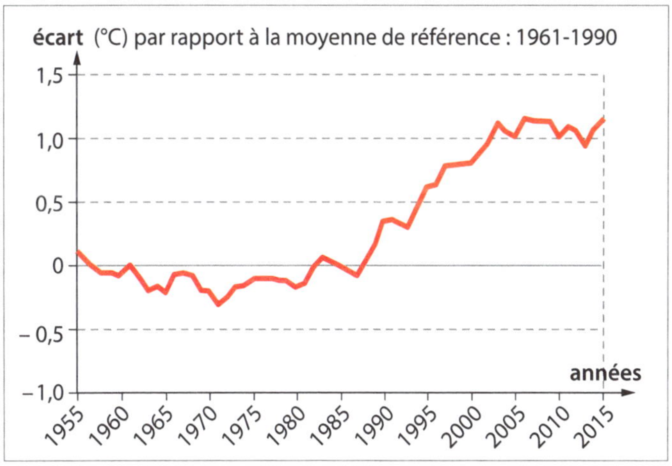

Doc. 4 Évolution des températures moyennes en France métropolitaine entre 1905 et 2015.

Les définitions

- **Population :** ensemble d'individus d'une même espèce peuplant une région donnée.
- **Aire de répartition :** zone géographique où l'on peut rencontrer une espèce vivante.

Notion à retenir

4 En conclusion, rédiger une réponse au problème posé.

....
....
....
....
....

Des actions humaines qui modifient la biodiversité

L'être humain, comme toute espèce, vit en interaction avec les autres êtres vivants et le milieu dans lequel il vit. L'être humain fait donc partie intégrante de l'écosystème et de sa biodiversité. Il peut agir sur la biodiversité.

Formulons le problème

....

Comprendre un impact indirect sur la biodiversité aquatique

Doc. 1 Effet de l'eutrophisation.

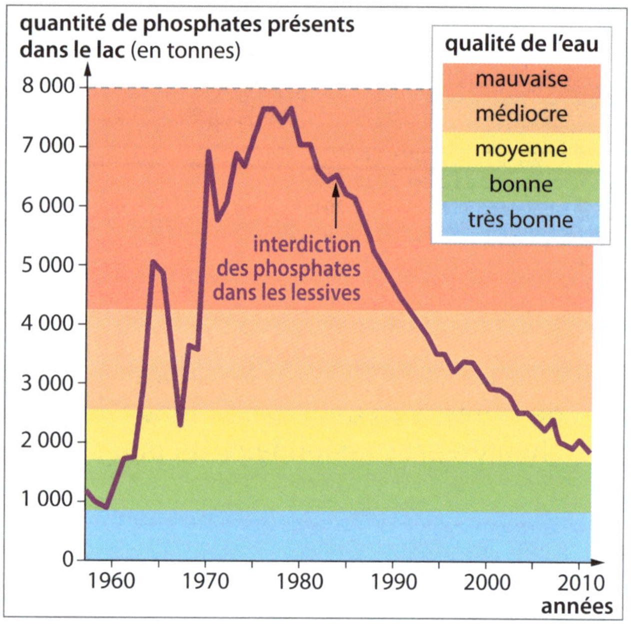

Doc. 2 Évolution de la quantité de phosphates dans le lac Léman. Le phosphate est un composé qui se retrouve notamment dans les lessives.

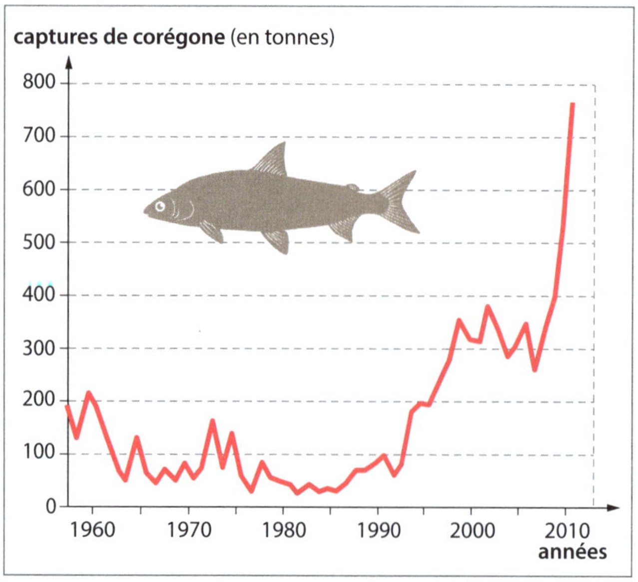

Doc. 3 Capture de corégone dans le lac Léman. L'importance des prises souligne l'abondance de la population présente dans le lac.

1 Décrire l'impact de l'être humain sur l'écosystème du lac Léman.

....

....

....

....

....

....

....

....

....

....

Comprendre un impact indirect sur la biodiversité terrestre

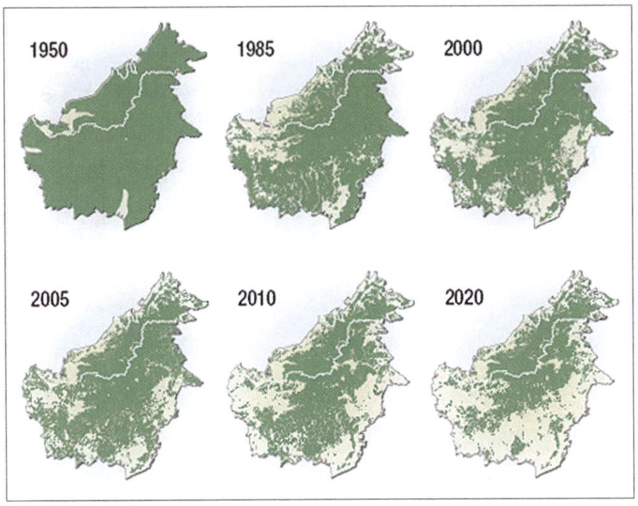

Doc. 4 **La forêt primaire de Bornéo au cours du temps.**

Doc. 5 **La forêt défrichée au profit de la plantation de palmiers à huile.**

rhinocéros de Sumatra : 30 spécimens restants	tigre de Sumatra : - de 500 restants	orang-outan de Sumatra : - de 7300 restants	éléphant de Bornéo : - de 1000 restants

Doc. 6 **Quatre mammifères menacés par les activités humaines.**

Doc. 7 **Monoculture de palmiers à huile.**
La biodiversité végétale dans ces plantations se réduit à un seul type d'arbres (les palmiers à huiles) cultivés pour produire de l'huile alimentaire et des biocarburants.

2 **Expliquer l'impact de l'être humain sur l'écosystème de la forêt de Bornéo.**

Les définitions

Eutrophisation : forme de pollution de certains écosystèmes aquatiques qui se produit lorsque le milieu reçoit trop de matières nutritives (principalement les phosphates) assimilables par les algues et que celles-ci prolifèrent.

Notion à retenir

3 **En conclusion, rédiger une réponse au problème posé.**

UNITÉ 23 Protection et préservation des écosystèmes

Le parc naturel du Mercantour, dans les Alpes, abrite plus de 3200 espèces vivantes et protège ainsi une très riche biodiversité.

Formulons le problème

....

Comprendre la différence entre protéger et restaurer

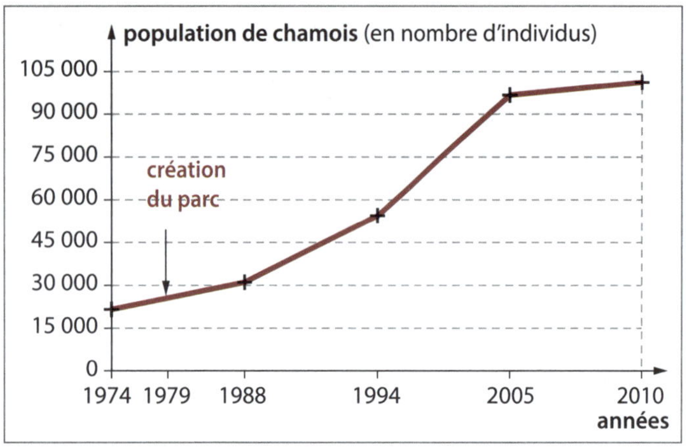

Doc. 1 La populations des chamois alpins dans le Mercantour : un exemple de **protection d'écosystème**.

Chamois alpin *Rupicapra rupicapra*

▶ **Groupe :** mammifères

▶ **Milieu de vie :** à l'état sauvage dans les Alpes. Très habile et adapté au milieu montagnard.

Doc. 2 Un chamois alpin.

La forêt des Landes de Gascogne est la plus grande forêt artificielle (ou forêt de plantation) d'Europe occidentale. Des siècles de déforestation l'ont rendue désertique, avec une biodiversité très faible.

Des opérations de reboisement depuis 1780 ont permis d'atteindre la surface d'1 million d'hectares aujourd'hui avec une biodiversité importante : on y recense ainsi 80 espèces d'oiseaux, 120 espèces d'araignées, 50 espèces de papillons du jour, etc.

Doc. 3 La forêt des Landes de Gascogne : un exemple de **restauration d'écosystèmes**.

1 Montrer à partir des exemples proposés, en quoi l'action humaine s'est révélée bénéfique pour la biodiversité en utilisant les mots « protection » et « restauration ».

....

....

....

....

....

....

....

....

....

....

S'informer sur la notion de développement durable

2 En effectuant une recherche sur internet, expliquer le principe des solutions proposées.

Pratiques dégradant les écosystèmes	Une solution possible
Lorsqu'une autoroute est construite, elle divise en deux un milieu naturel et empêche la circulation de certaines espèces. De plus 20 000 animaux sont écrasés sur nos routes chaque année.	 ....
Les pratiques de désherbage et d'irrigation provoquent un lessivage (dégradation) des sols vers les rivières. L'agriculture diminue la biodiversité champêtre.	 ....

3 Monter le lien entre développement durable et protection de la biodiversité.

....

....

....

Les définitions

- **Développement durable** : solutions pour concilier la biodiversité et les intérêts humains.
- **Protection des écosystèmes** : mesures permettant de préserver la faune et la flore mais aussi le milieu qui constituent les écosystèmes, c'est à dire de limiter l'impact des actions humaines sur celui-ci.
- **Restauration des écosystèmes** : mesures permettant de reconstituer des écosystèmes dégradés par les activités humaines.

Notion à retenir

4 En conclusion, rédiger une réponse au problème posé.

....

....

....

....

....

....

....

....

....

UNITÉ 24

Ressources alimentaires terrestres et développement durable

La Terre compte 7 milliards d'êtres humains et probablement 10 milliards en 2050. Cette augmentation de la population nécessite un besoin croissant en ressources alimentaires.

Formulons le problème

....

....

Comprendre les effets des pesticides sur la biodiversité

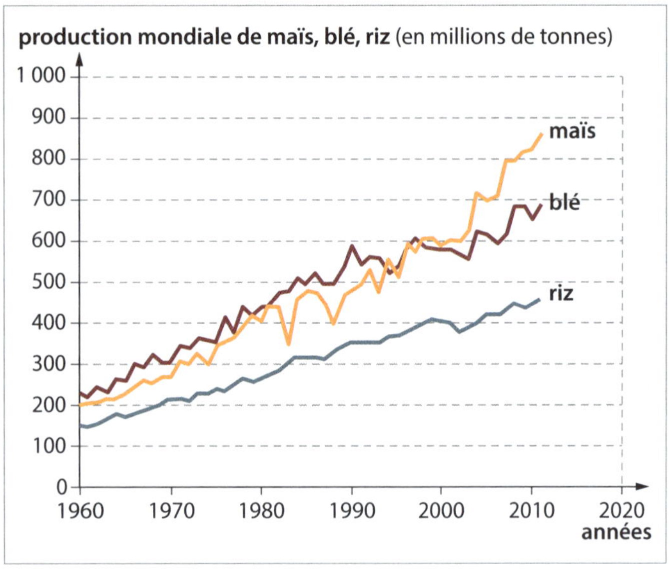

Doc. 1 Production mondiale de maïs, blé et riz, principales céréales consommées. Presque 50 % des calories dans le monde sont consommées sous forme de céréales. L'agriculture intensive et l'amélioration des techniques agricoles permettent d'augmenter les rendements.

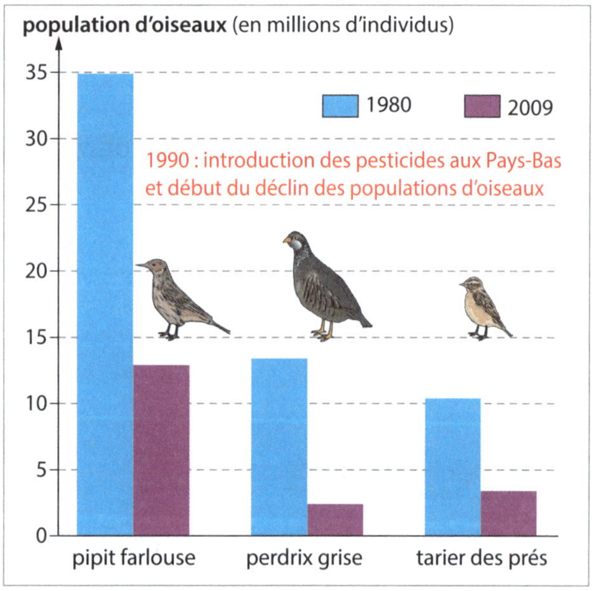

Doc. 2 Effet des pesticides sur des populations d'oiseaux des champs aux Pays-Bas.
Les pesticides ont des effets secondaires (perturbation de la fonction de reproduction chez les oiseaux et les mammifères).

1 Décrire un effet positif de l'agriculture intensive.

....

....

....

....

....

....

2 Expliquer l'effet des pesticides sur la biodiversité des oiseaux.

....

....

....

....

Pratiquer des cultures de manière durable

Système de culture intensive	Système de culture plus respectueux de la biodiversité
Ajout de • irrigation • engrais • pesticides	Ajout de • prédateurs des espèces parasites des récoltes • régénération du sol • sol plus aéré et humide

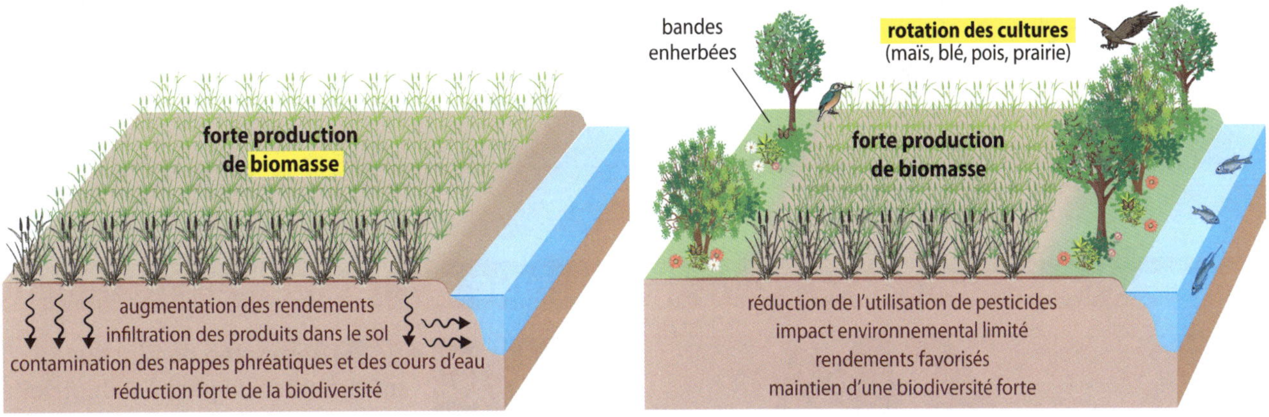

Doc. 3 Comparaison entre un système d'agriculture intensive et un système respectant la biodiversité.

3 Compléter le tableau de comparaison des différents systèmes d'exploitation.

	Agriculture intensive	Système respectant la biodiversité
Moyen de protection des cultures		
Techniques pour des sols plus productifs		
Biodiversité (forte/faible)		
Pollution		
Production de biomasse		

Les définitions

- **Biomasse** : masse de matière organique sur une surface donnée.
- **Pesticides** : produits chimiques permettant d'éliminer les parasites des cultures.
- **Rotation des cultures** : technique consistant à alterner chaque année les espèces cultivées sur un même champ et des années de prairie. Permet aux sols de se renouveler et de gagner en efficacité pour les cultures.

Notion à retenir

4 En conclusion, rédiger une réponse au problème posé.

UNITÉ 25

Ressources alimentaires marines et développement durable

La moitié de la population mondiale vit à moins de 60 km des côtes et utilise la mer pour puiser des ressources alimentaires.

Formulons le problème

....

Comprendre l'impact de la pêche industrielle sur la biodiversité marine

Doc. 1 Remontée de filet sur un chalutier de pêche industrielle.
La pêche industrielle vise à pêcher de grandes quantités de poissons afin de répondre aux besoins croissants de l'alimentation mondiale. 20 à 50 % des poissons pêchés doivent être rejetés à la mer (espèces non intéressantes commercialement).

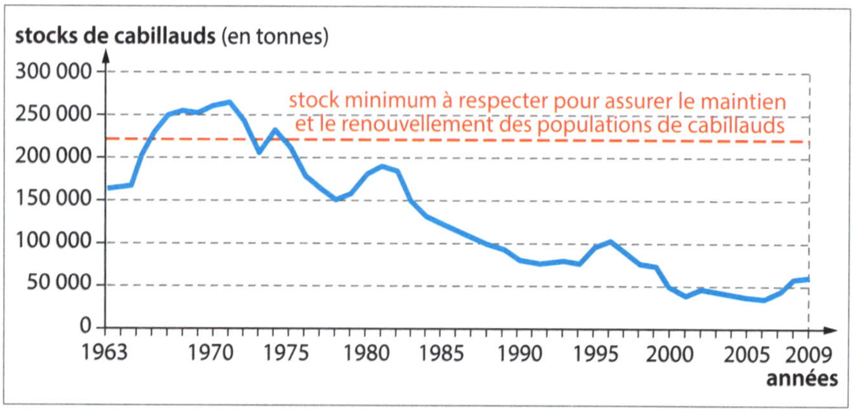

Doc. 2 Évolution des stocks de cabillauds dans la mer du Nord.

La morue de l'atlantique
ou cabillaud *Gadus morhua*

- **Groupe :** poisson à nageoires rayonnées
- **Milieu de vie :** eaux froides de 0 à 15 °C, se rapprochant des côtes en été et s'éloignant en hiver.
- **Conditions de pêche :** a toujours occupé une grande place dans l'alimentation de l'Atlantique Nord mais depuis 1970, les ressources s'épuisent, on n'attrape plus que des juvéniles, qui n'ont pas eu le temps de se reproduire. Les géantes de 100 kg ont disparu.

1 Décrire les impacts positifs et négatifs de la pêche industrielle.

....
....
....
....
....
....

Identifier des moyens de préserver la biodiversité marine

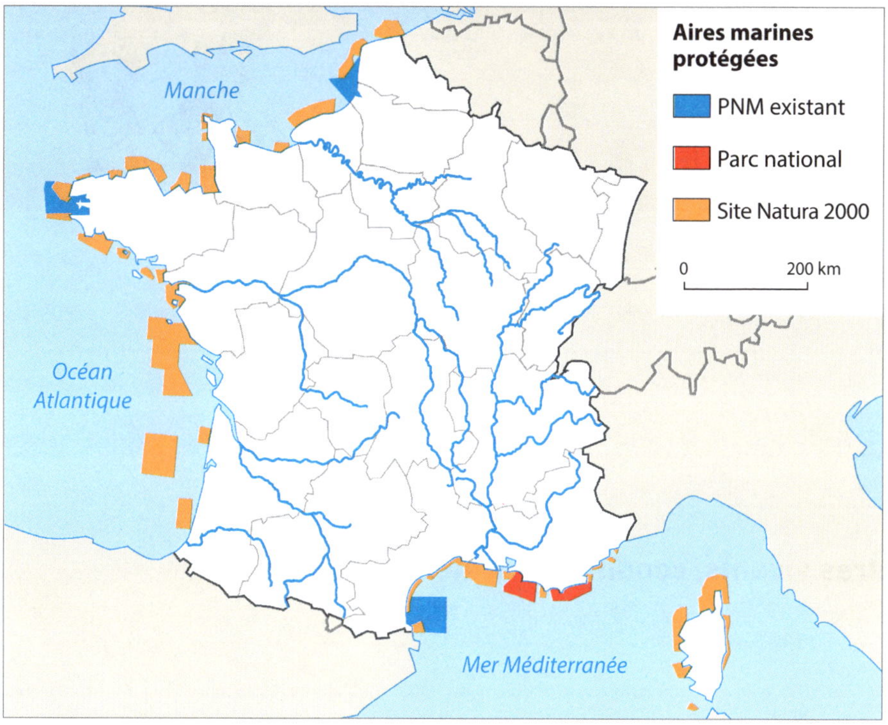

Doc. 3 Les aires marines protégées en France. Une aire marine protégée est un espace marin où les activités humaines sont très réglementées (pêche interdite, accès très réglementé) afin de protéger la biodiversité et de permettre à des espèces exploitées commercialement de trouver des lieux de reproduction et de croissance des jeunes individus. Leur nombre reste encore faible.

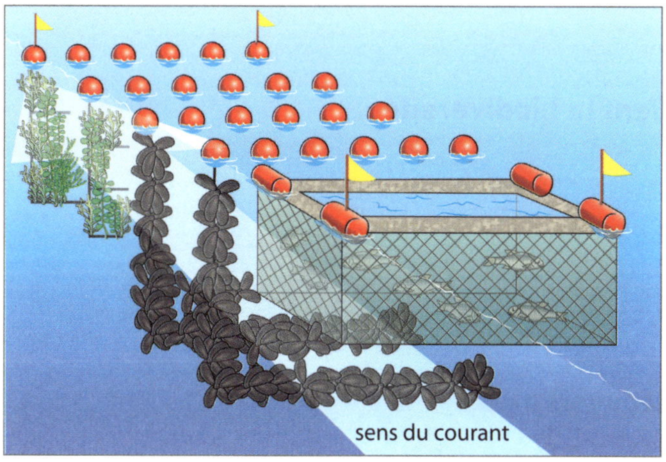

Doc. 4 Production de poissons d'élevage par aquaculture intégrée. Des poissons sont élevés en mer dans des grands filets qui délimitent leur milieu de vie. Des élevages annexes de moules (qui filtrent l'eau) ou des cultures d'algues (qui prélèvent les éléments minéraux dans l'eau) permettent de limiter le rejet des déchets issus de l'élevage des poissons et ainsi de préserver l'écosystème.

2 **Quelles peuvent être les limites des deux dispositifs présentés ?**

....

....

Notion à retenir

3 **En conclusion, rédiger une réponse au problème posé.**

....

....

....

....

....

BILAN Ressources naturelles, écosytèmes et activités humaines

Formuler les notions clés

UNITÉ 20 ▶ Écosystème et biodiversité

UNITÉ 21 ▶ Répartition des êtres vivants, conditions locales et globales

UNITÉ 22 ▶ Des actions humaines qui modifient la biodiversité

UNITÉ 23 ▶ Protection et préservation des écosystèmes

UNITÉ 24 ▶ Ressources alimentaires terrestres et développement durable

UNITÉ 25 ▶ Ressources alimentaires marines et développement durable

Retenir par l'image

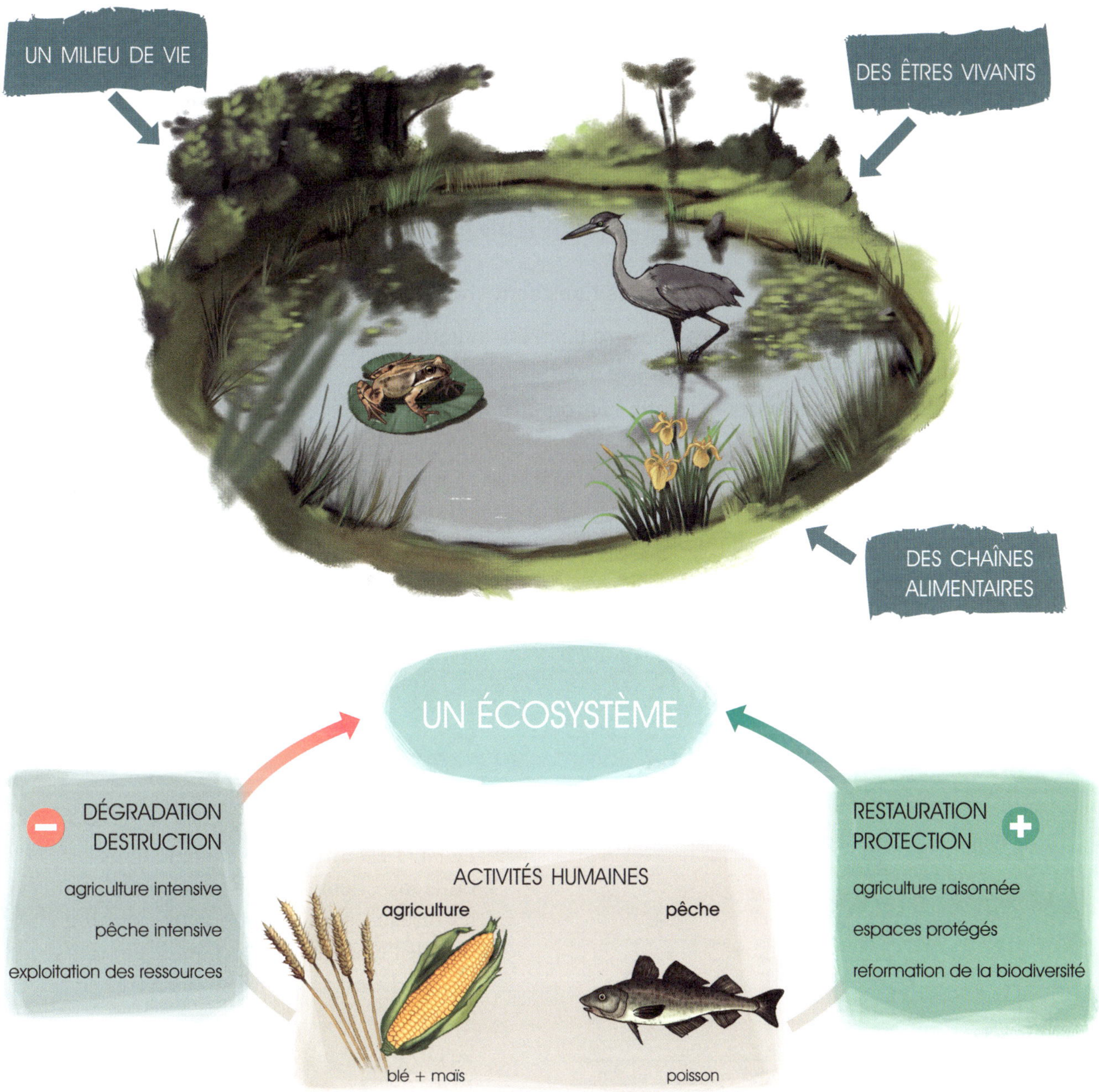

Formuler un résumé du chapitre

....
....
....
....
....
....

Exercices

Tester ses connaissances

1 QCM **Pour chaque affirmation, cocher la seule proposition exacte.**

a. Un écosystème est composé :

☐ du milieu uniquement
☐ du milieu et des espèces y vivant
☐ du milieu, des espèces vivantes présentes et des relations entre ces espèces

b. L'être humain :

☐ modifie les écosystèmes de manière néfaste et bénéfique
☐ modifie les écosystèmes seulement de manière néfaste
☐ ne modifie pas les écosystèmes

2 Vrai ou Faux **Indiquer si les propositions sont vraies ou fausses.**

	Vrai	Faux
a. Les êtres vivants se répartissent au hasard dans les milieux.	☐	☐
b. L'être humain fait partie de la biodiversité et en a besoin.	☐	☐
c. Une chaîne alimentaire décrit les relations proie-prédateur dans un écosystème.	☐	☐
d. Les passages à faunes sont une solution au lessivage des sols.	☐	☐
e. Il existe des techniques d'agriculture et de pêche respectueuses de l'environnement et permettant de nourrir l'humanité.	☐	☐

Utiliser ses connaissances

3 Insecticides et faucon pèlerin

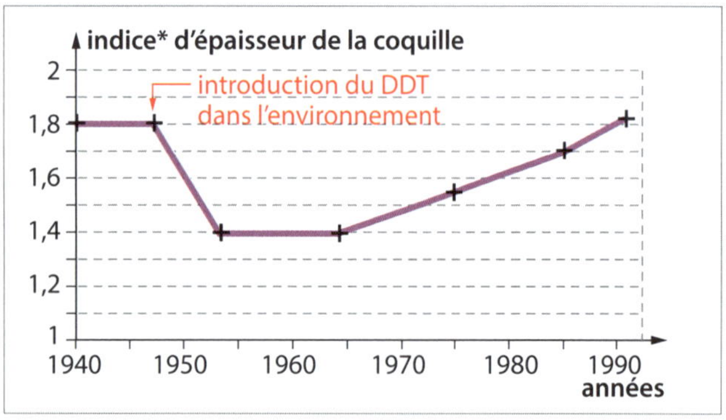

Doc. 1 **Évolution de l'épaisseur de la coquille des œufs de faucon pèlerin.**
*indice : poids de la coquille/longueur axiale de l'œuf.

Le DDT est un produit contenu dans certains insecticides. Il est très toxique pour les oiseaux car il provoque une diminution de l'épaisseur de la coquille des œufs qui, si elle est trop fine, se casse très facilement.

Le DDT a été interdit au début des années 1970.

Doc. 2 **Le DDT.**

Expliquer en quoi l'utilisation puis l'interdiction du DDT ont constitué un impact de l'homme sur la biodiversité.

....
....
....
....
....

Vers le BREVET

4 La disparition des abeilles

Depuis quelques années, on observe une diminution du nombre d'abeilles.

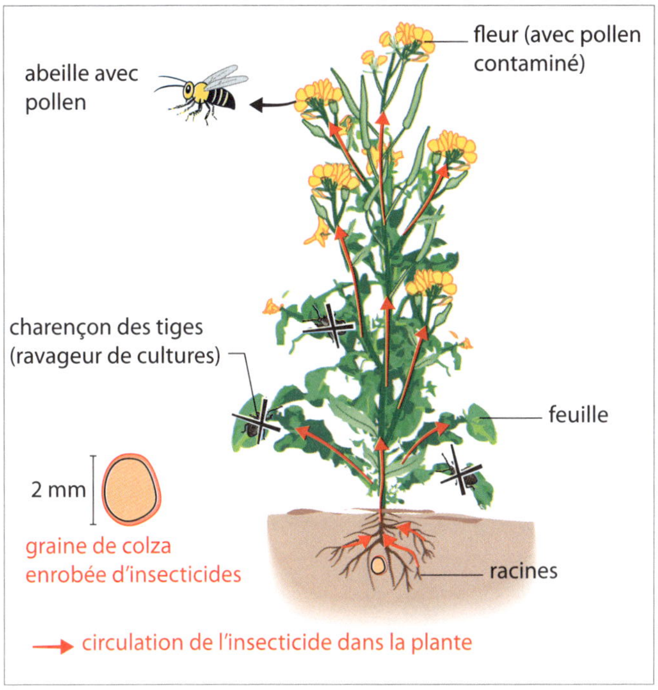

Doc. 1 Effets des insecticides.
Les insecticides permettent de tuer les charençons mais ont également des effets néfastes sur les abeilles : le miel et le pollen, utilisés pour nourrir les larves d'abeilles, contiennent des insecticides. De plus, les abeilles sont plus sensibles aux maladies et les ouvrières sont désorientées et ne retrouvent plus la ruche.

Doc. 2 Une abeille mellifère.

« Dans la province verdoyante du Sichuan, au centre de la Chine, les abeilles ont disparu depuis les années 1980 (…). Dès lors, chaque année au mois d'avril, les paysans sont obligés de mimer le travail des insectes mellifères*. Ils récupèrent le pollen sur les fleurs, le font sécher deux jours, puis l'appliquent sur d'autres fleurs prêtes à être fécondées. Absurde et démesuré… Plus de confiture. Plus de jus d'orange ou de pomme, et surtout plus de café ni de chocolat. Quant au beurre, au lait ou aux fromages, les agronomes ne sont pas bien sûrs de vous en garantir la fourniture. En effet l'abeille, pollinisatrice avant tout des fruits et des légumes, contribue aussi à la reproduction des plantes fourragères qui servent à nourrir les bovins. »

D'après : *Science et Vie*, mars 2010.

*mellifère : qui produit du miel.

Doc. 3 La disparition des abeilles mellifères.

Consigne : Montrer que les activités humaines peuvent avoir un effet néfaste sur la biodiversité et mettre en danger leurs propres ressources alimentaires.

....

....

....

....

....

....

....

UNITÉ 26

Les mouvements des masses atmosphériques

L'observation du déplacement des nuages dans le ciel ou la survenue de tempête de sable venu du Sahara révèle l'existence de vastes mouvements atmosphériques.

Formulons le problème

....

Caractériser les mouvements au sein de la basse atmosphère

Doc. 1 Dispersion de fumées lors d'un incendie de forêt (hauteur des fumées : 4 km).

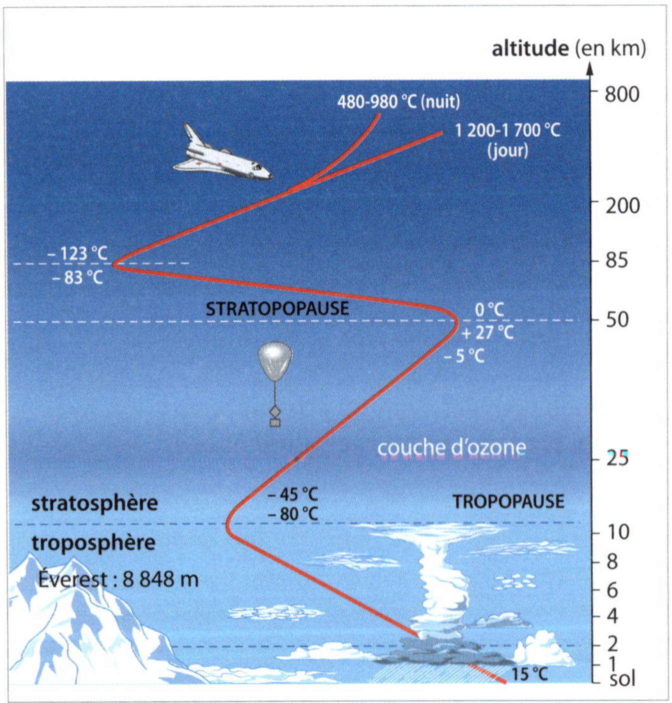

Doc. 3 Organisation verticale de l'atmosphère.
L'atmosphère est une enveloppe de 800 km d'épaisseur entourant la Terre et constituée principalement de gaz et de vapeur d'eau.

Doc. 2 Cyclone « Fran » à l'approche du continent nord-américain (Floride).

Le cyclone Fran

- Vitesse des vents : 185 km/h
- Altitude : 8 km
- Diamètre œil du cyclone : 35 km
- Diamètre perturbation : 550 km de moyenne
- Hauteur des vagues : 3,6 mètres
- Dégâts estimés : 4,1 millions de $
- Coût humain : 26 victimes

1 Caractériser les mouvements au sein de la basse atmosphère.

....

....

....

....

....

Caractériser les mouvements au sein de la haute atmosphère

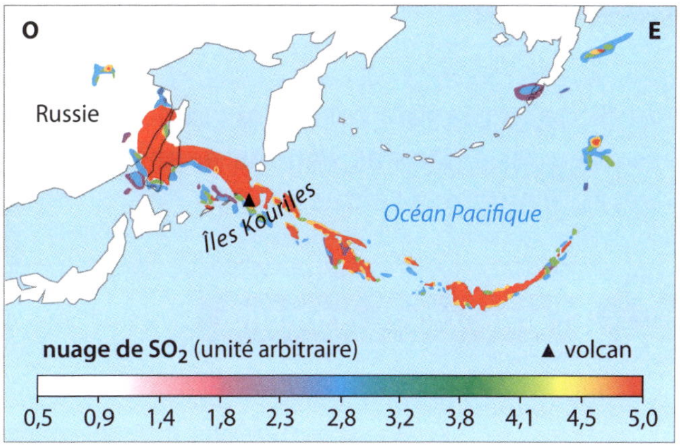

Doc. 4 Éruption du volcan Sarytchev (Iles Kouriles, Russie) le 12 juin 2009.
Photographié depuis la Station Spatiale Internationale. La colonne de poussières volcaniques et de gaz (dioxyde de soufre principalement) a atteint l'altitude de 14 km, puis dans les jours suivants le nuage s'est propagé dans l'atmosphère à une altitude de 12 à 14 km.

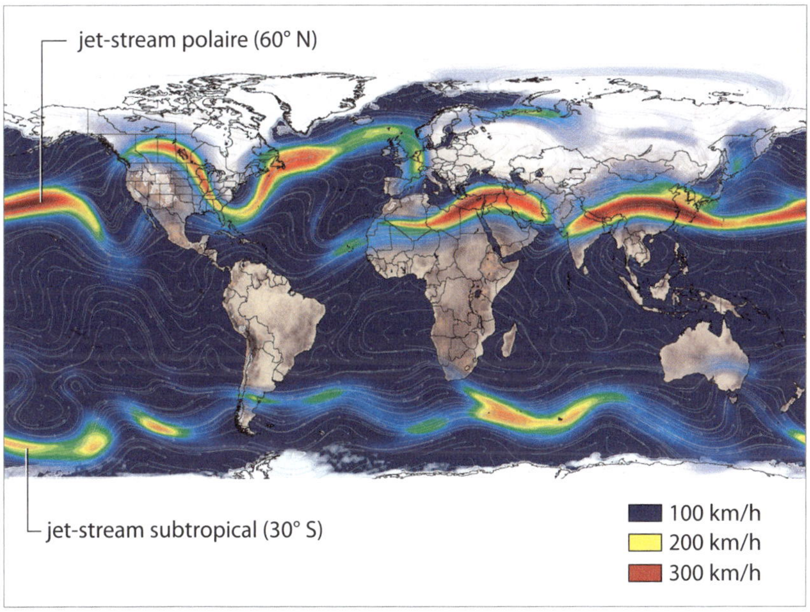

Doc. 5 Les jet-streams.

Les jet-streams

- Vitesse des vents : 300 km/h
- Altitude : 10 à 15 km

2 Caractériser le mouvement de poussières volcaniques et de gaz.

....

....

....

....

....

....

....

Les définitions

- **Jet-stream** : vent très violent (de 90 à 360 km/h) soufflant d'est en ouest, à la limite de la basse et la haute atmosphère.

Notion à retenir

3 En conclusion, rédiger une réponse au problème posé.

....

....

....

....

....

UNITÉ 27

Les courants océaniques

71 % de la planète Terre est recouverte d'eau. Ces masses d'eau sont agitées par des vagues et animées de mouvements vastes constituant les courants océaniques.

Formulons le problème

....

Caractériser les mouvements océaniques de surface

Vidéo à visionner

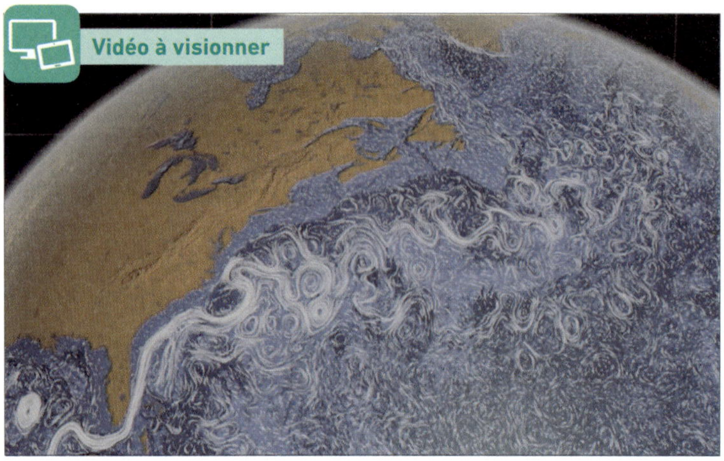

Doc. 1 Courants océaniques en mouvement. Animation réalisée par la NASA grâce aux observations satellites entre 2005 et 2007 montrant le déplacement des courants océaniques à l'échelle mondiale. Photo ci-contre centrée sur le courant du Gulf Stream (océan atlantique).

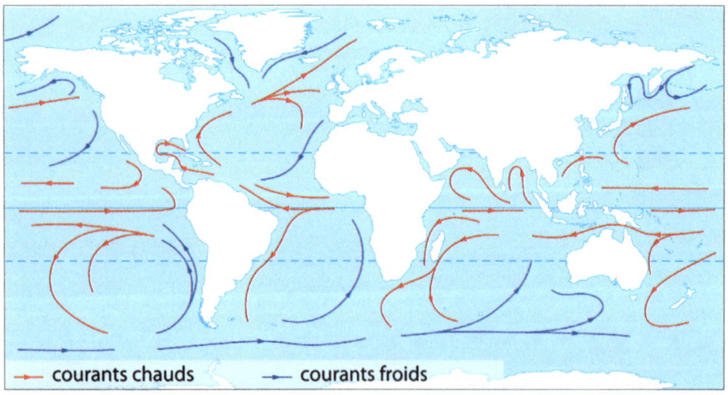

Doc. 2 Localisation des principaux courants océaniques de surface.

Doc. 3 Dispersion d'une pollution par les courants marins. Le 22 avril 2010, après un violent incendie, une plate-forme pétrolière sombre dans le golfe du Mexique. Le 1er mai, la nappe de pétrole s'échappant du puits s'étend sur une surface de 1500 km².

1 Montrer que les courants océaniques sont des masses d'eau en déplacement.

....

....

....

....

2 Indiquer le sens de circulation des masses d'eau dans l'hémisphère nord puis dans l'hémisphère sud.

....

....

....

....

Caractériser les mouvements océaniques profonds

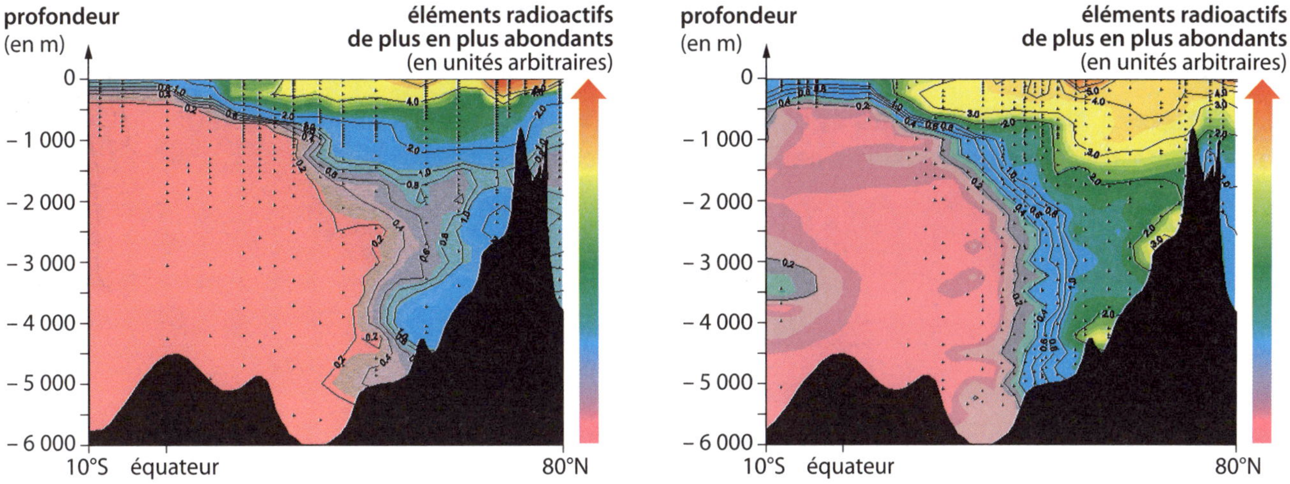

Doc. 4 **Évolution d'une pollution de surface par des éléments radioactifs (a : 1972, b : 1981).** Jusqu'en 1960, les essais nucléaires aériens libéraient des éléments radioactifs dans l'air qui polluent la surface des océans. À partir de 1960 les essais aériens ont été interdits.

3 **Que montre la répartition des éléments radioactifs sur le comportement des masses d'eau au cours du temps ?**

....

....

....

....

....

En régime de forts vents saisonniers soufflant des terres vers le large, de grandes quantités de nutriments issus des profondeurs se retrouvent en surface. Grâce à ces nutriments, le phytoplancton (algues vertes) se développe abondamment entraînant l'abondance de poissons. Ces zones connaissent une très forte activité de pêche.

4 **Détailler sur le schéma les étapes du fonctionnement d'un upwelling, en utilisant les termes suivants :** courant océanique profond, vents, courants de surface, forte remontée des nutriments.

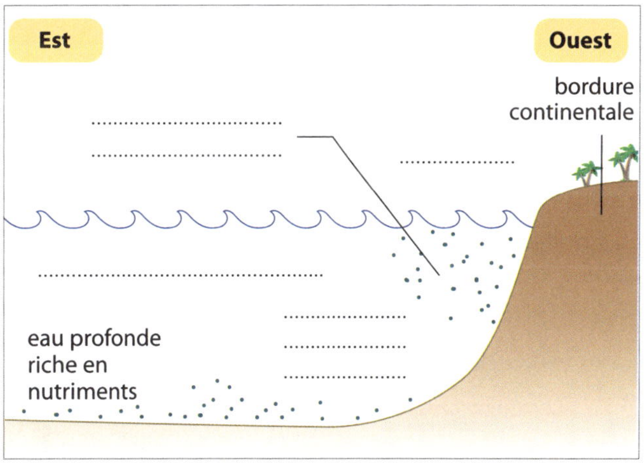

Doc. 5 Le phénomène d'**upwelling**.

Les définitions

- **Upwelling** : phénomène de remontée des eaux froides et profondes riches en éléments nutritifs.

Notion à retenir

5 **En conclusion, rédiger une réponse au problème posé.**

....

....

....

....

....

UNITÉ 28

L'origine des mouvements atmosphériques et océaniques

Les masses atmosphériques et océaniques sont en mouvement permanent, à l'origine des circulations atmosphérique et océanique.

Formulons le problème

....

Comprendre l'origine des mouvements atmosphériques

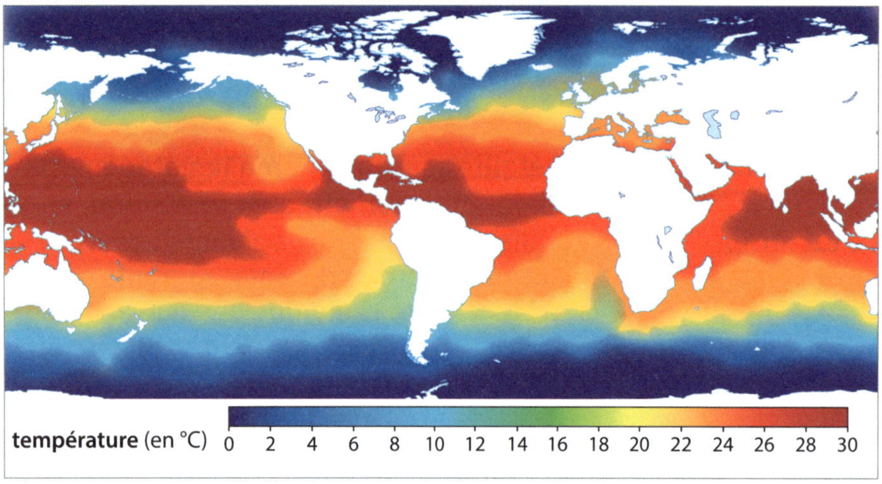

Doc. 1 Répartition des températures moyennes à la surface du globe.
Il y a des transferts naturels de l'énergie reçue depuis les zones chaudes vers les zones froides du globe. Globalement, l'air circule horizontalement des zones chaudes vers les zones froides en altitude.

Doc. 2 Modélisation de l'éclairement et donc de l'irradiation solaire reçue sur la Terre.

Réaliser une expérience

1. Placer une lampe allumée devant un globe terrestre.
2. Utiliser un cache perforé pour ne laisser passer qu'une partie de la lumière.
3. Mesurer avec un luxmetre l'éclairement au niveau des taches éclairées du globe.

1 Indiquer les valeurs de l'irradiation reçue au niveau des taches (doc. 2), ainsi que les températures moyennes réelles sur le globe (doc. 1).

localisation	pôle	tropique	équateur
irradiation (en lux)	....	....	....
température moyenne (en °C)	....	....	....

2 Expliquer l'origine des mouvements atmosphériques.

....

....

....

Comprendre l'origine des mouvements océaniques

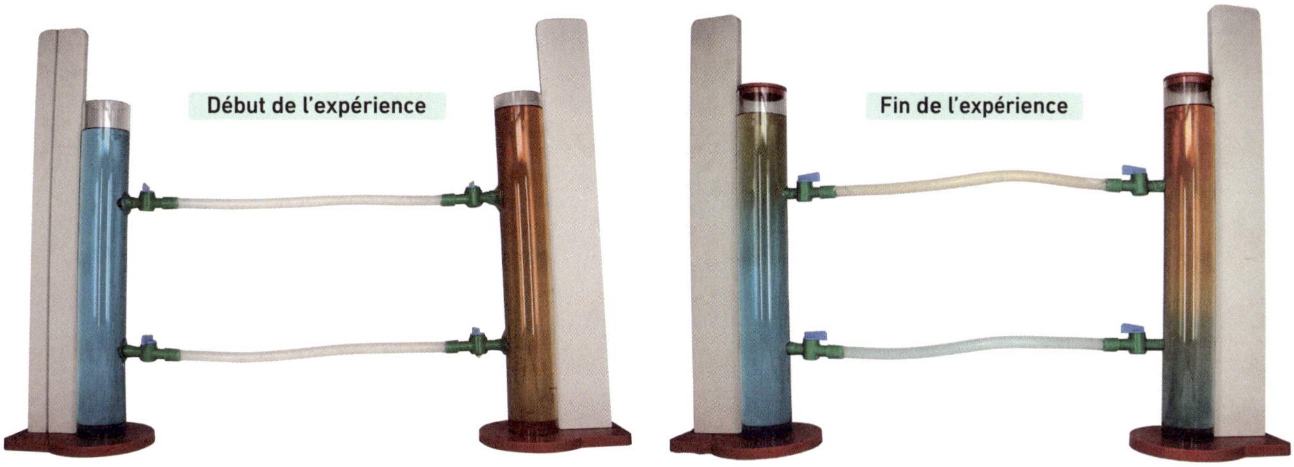

Doc. 3 **Modélisation de la dynamique de l'eau. L'eau est d'autant plus dense que sa température est basse.**

Réaliser une expérience

1. Colorer de l'eau très froide (environ 2 degrés) avec du bleu de méthylène et de l'eau chaude (environ 40 °C) avec de l'éosine.
2. Verser ces deux eaux dans deux récipients verticaux reliés par deux tuyaux fermés en leur centre par des pinces.
3. Ouvrir la circulation en enlevant les pinces.
4. Laisser les eaux colorées s'écouler.
5. Observer leur circulation régulièrement pendant 20 minutes.

3 **Compléter le schéma interprétatif de cette expérience ci-dessous.**

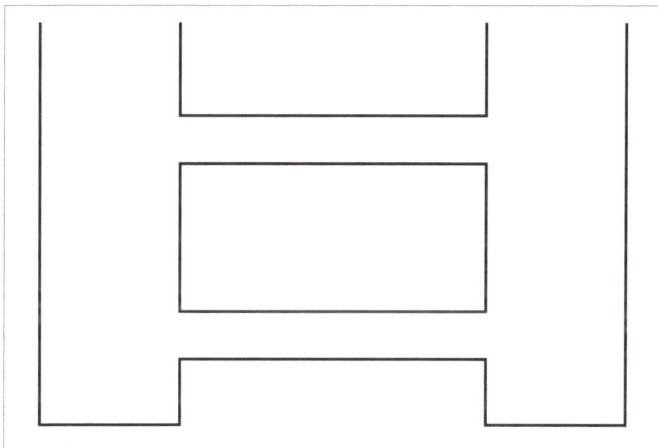

4 **Expliquer ce qui fait circuler l'eau de façon générale.**

....

....

Les définitions

- **Irradiation solaire** : quantité d'énergie solaire reçue par an et par mètre carré.

Notion à retenir

5 **En conclusion, rédiger une réponse au problème posé.**

....

....

....

....

....

UNITÉ 29

Le fonctionnement météorologique de la planète

La basse atmosphère est le siège de vastes mouvements d'air. Ces mouvements expliquent le fonctionnement météorologique de la Terre.

Formulons le problème

....

Comprendre la circulation de l'air

Réaliser une expérience

Matériel à disposition :
- Bâton d'encens avec son support
- Accumulateur de froid pour glacière placé au congélateur depuis 24 h minimum.

1. Allumer le bâton d'encens fixé à son support.
2. Observer la direction de la fumée.
3. Placer l'accumulateur de froid à 30 cm au dessus du bâton d'encens.
4. Observer la direction de la fumée.

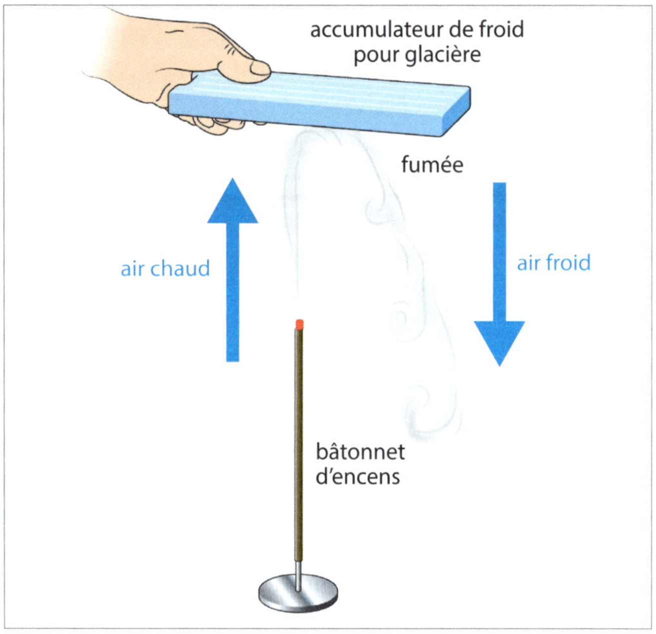

Doc. 1 Modélisation de la circulation de l'air. La densité d'un gaz est liée à sa température. Plus il est chaud, plus il est léger et inversement.

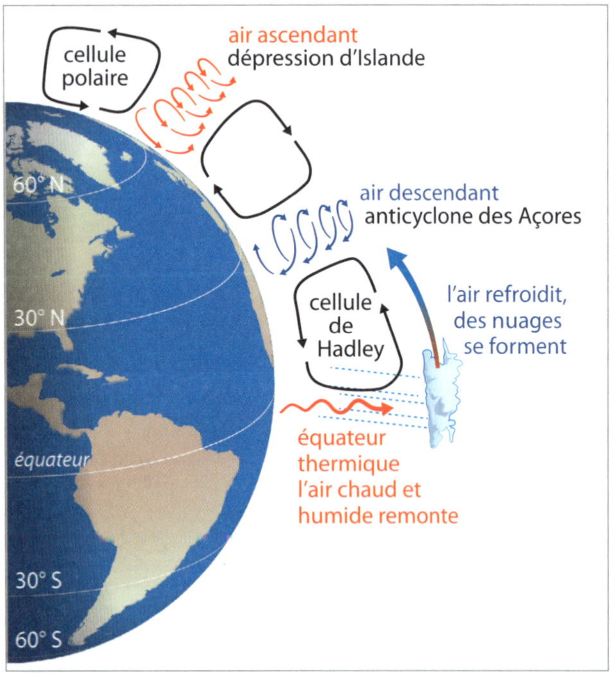

Doc. 2 Anticyclone et dépression dans l'hémisphère nord. Au niveau de la zone équatoriale, l'air chaud et humide s'élève, se refroidit et est ensuite dévié vers les pôles. Au niveau du 30 °N, cet air redescend vers le sol en se réchauffant, créant une zone de hautes pressions (ou anticyclone). Une partie de cet air gagne le nord et au niveau du 60 °N, heurte l'air polaire. L'air est contraint de remonter en altitude créant une zone de basses pressions (ou dépression) au niveau du sol. Au niveau du sol, le vent circule des zones de haute pression vers les zones de basse pression.

1 Quel est l'effet de la température sur la circulation de l'air ?

....

....

....

Comprendre la formation des nuages

Doc. 3 Un cumulonimbus.

Un nuage est composé de gouttelettes d'eau liquide, de cristaux de glace et de vapeur d'eau. Ce sont les noyaux de condensation (poussières, aérosols) qui permettent à l'origine la formation des gouttelettes d'eau et des cristaux de glace. L'air chaud a tendance à monter. Plus il s'élève, plus il se refroidit, plus il est humide. À une certaine altitude, les nuages se forment par condensation de la vapeur d'eau. Ces masses d'air peuvent être instables et donner des précipitations, des averses et des orages.

Doc. 4 Comment se forme un nuage ?

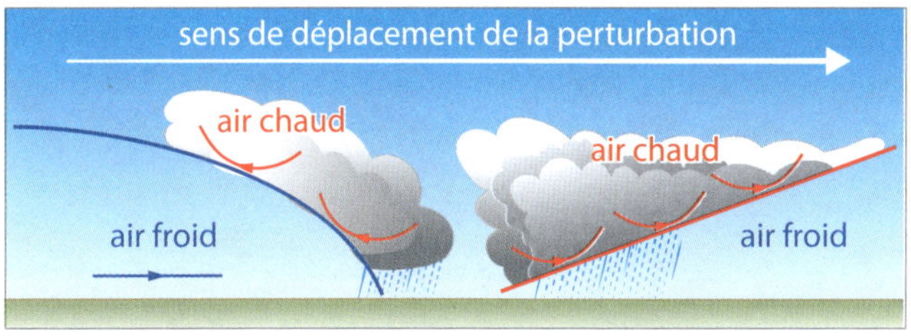

Doc. 5 **Formation des nuages par soulèvement frontal.** C'est le principal type de formation lors d'une perturbation : l'air chaud est soulevé en altitude par l'air froid.

Doc. 6 **Formation des nuages par soulèvement lié au relief.** Le relief oblige la masse d'air à s'élever et celle-ci se refroidit. Un nuage se forme alors sur le versant au vent et se dissipe sur l'autre versant.

2 **Expliquer le principal type de formation lors d'une perturbation.**

....

....

....

Les définitions

- **Dépression** : zones de basses pressions dues à la remontée d'air chaud. Dans l'hémisphère nord, l'air se déplace dans le sens inverse des aiguilles d'une montre.
- **Anticyclone** : zones de hautes pressions dues à la descente d'air froid. Dans l'hémisphère nord, l'air se déplace dans le sens des aiguilles d'une montre.

Notion à retenir

3 En conclusion, rédiger une réponse au problème.

....

....

....

....

....

....

....

....

....

UNITÉ 30

Les grandes zones climatiques de la Terre

Une grande diversité de climats peut être observée sur Terre, depuis les climats polaires proches des pôles jusqu'aux climats arides des déserts chauds comme le Sahara.

Formulons le problème

....

Observer la répartition des grandes zones climatiques

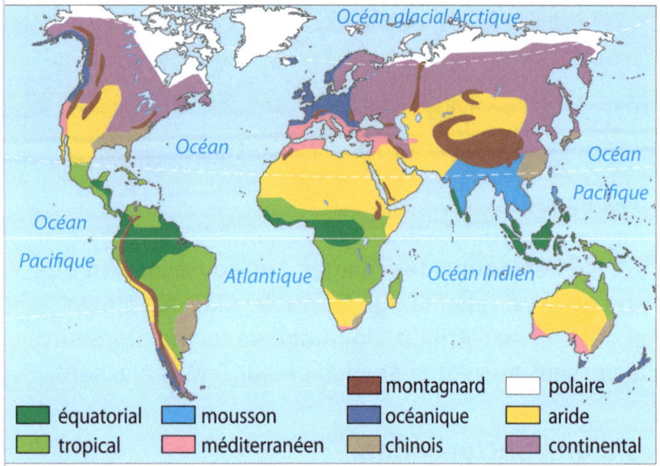

Doc. 1 La répartition des grandes zones climatiques terrestres.

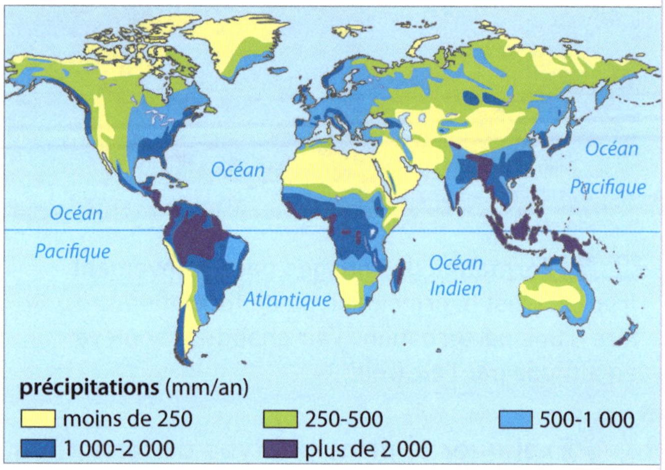

Doc. 2 Précipitations moyennes à la surface de la Terre.

1 **Comment sont réparties les grandes zones climatiques terrestres ?**

....

....

2 **À l'aide des documents et de la carte des températures moyennes page 74, remplir le tableau ci-dessous.**

climat	polaire	équatorial	aride
exemples de pays	....	....	....
localisation	....	....	....
température	....	....	....
précipitations	....	....	....
faune	sternes arctiques, baleines boréales	jaguar, anaconda	chameaux, lézards serpents
flore	toundra/taïga/pas de végétation (ex : saule arctique)	forêt tropicale humide (orchidées, bananiers...)	flore du désert (agaves, cactacées)

Expliquer la répartition des grandes zones climatiques sur terre

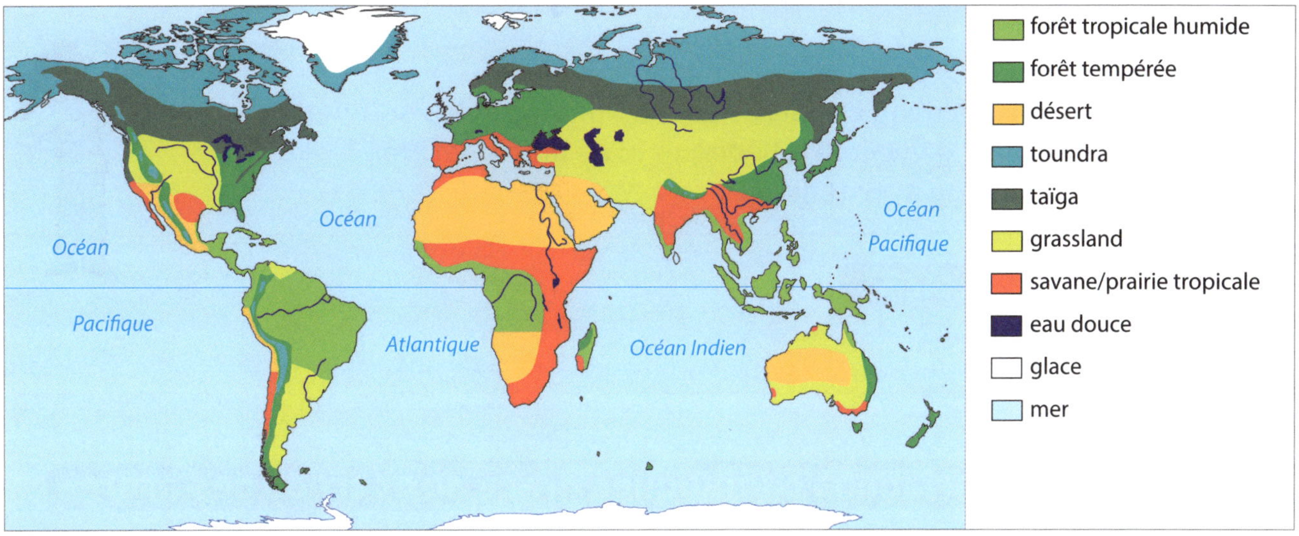

Doc. 3 Les grands **biomes** terrestres.

Doc. 4 La toundra est un biome caractérisé par de la végétation basse, beaucoup de lichens et de mousses.

Doc. 5 La forêt équatoriale est un biome caractérisé par une végétation dense. Elle abrite une immense biodiversité.

3 Expliquer comment la répartition des climats sur Terre influence la répartition des grands biomes.

....

....

....

Les définitions

- **Biome** : ensemble d'écosystèmes à l'échelle d'une grande région ou d'un continent. Il est défini par des conditions de température et de précipitations précises et correspond à un sol, une flore et une faune définis.

Notion à retenir

4 En conclusion, rédiger une réponse au problème posé.

....

....

....

....

....

UNITÉ 31

L'évolution du climat au cours du temps

En France, des fouilles dans certaines grottes ont livré des squelettes d'ours des cavernes qui vivaient à l'époque sous un climat très froid. Le climat a donc changé avec le temps.

Formulons le problème

....

Reconstituer les variations climatiques grâce aux cernes des arbres

Lors de son développement, l'arbre croît en fabriquant un cerne de bois annuellement. Un cerne annuel comprend une bande claire et une bande sombre. Chaque cerne a des caractéristiques (largeur, aspect) qui dépendent directement du climat de l'époque (température, précipitations). Avec des arbres de plus en plus vieux on peut reconstituer le climat passé.

Doc. 1 Méthode des cernes pour connaître le climat passé.

1 **Quel est l'âge de l'arbre présenté ?**

....

2 **Expliquer comment l'analyse des cernes des arbres permet de reconstituer le climat du passé.**

....

....

....

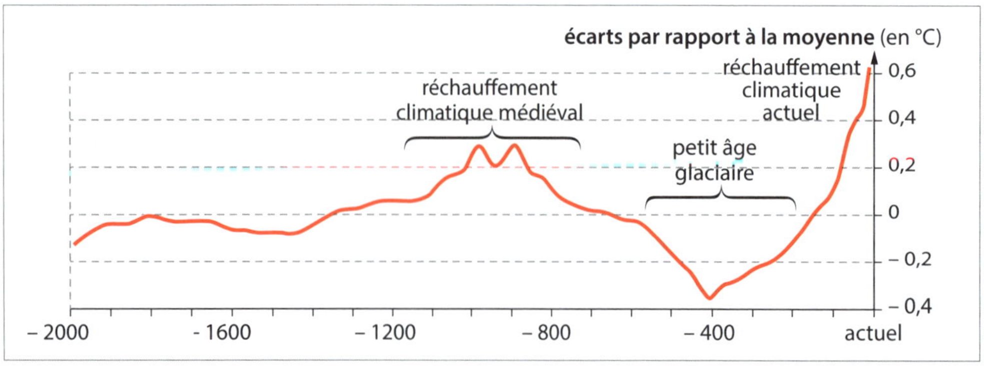

Doc. 2 **Évolution de la température de l'hémisphère nord depuis 2000 ans reconstitué à partir de l'étude des cernes des arbres.**

3 **Pourquoi parle-t-on de « réchauffement médiéval » et de « petit âge glaciaire » ?**

....

....

Reconstituer les variations climatiques grâce aux glaces

En 1965, Claude Lorius, glaciologue français en expédition dans le Grand Nord, a une idée brillante. Il voit des bulles d'air s'échapper des glaçons en train de fondre dans son verre. Ces glaçons proviennent de la banquise, il réalise alors que ces bulles d'air correspondent à l'atmosphère qu'avait la Terre au moment de leur formation !
Depuis, les glaciologues récupèrent des carottes de glace et analysent les bulles d'air emprisonnées dedans pour étudier la composition de l'atmosphère du passé.

Doc. 3 Des variations climatiques archivées dans la glace.

Doc. 4 Une équipe de glaciologues remonte une carotte.

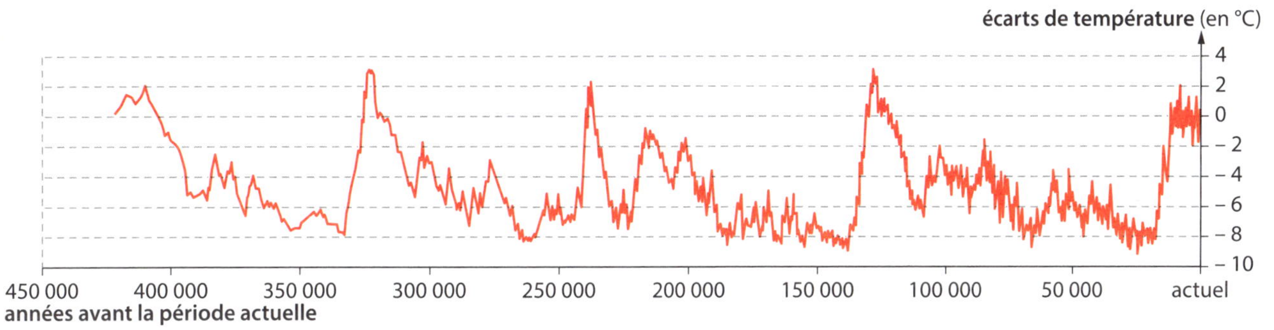

4 Comment les glaces permettent-elles de reconstituer les variations climatiques du passé ?

....

....

....

5 Placer sur le graphique, représentant les variations de température sur les 420 000 dernières années :
– des flèches indiquant la durée d'une période glaciaire et d'une période interglaciaire ;
– une flèche indiquant le Würm, la plus récente des périodes glaciaires.

Les définitions

- **Période glaciaire (glaciation)** : période pendant laquelle la température de la Terre est globalement plus froide.
- **Période interglaciaire** : période qui sépare deux glaciations et pendant laquelle la Terre est plus chaude.

Notion à retenir

6 En conclusion, rédiger une réponse au problème.

....

....

....

....

....

....

UNITÉ 32

L'être humain face au risque météorologique

Les cyclones, tempêtes de vent d'une violence extrême, se produisent régulièrement. Ces phénomènes météorologiques représentent une menace pour l'être humain.

Formulons le problème

Prévoir le risque météorologique

Doc. 1 Comment distinguer aléa, enjeu et risque.

Doc. 2 Les conséquences du passage d'un cyclone. Un cyclone est marqué par des vents très violents (jusqu'à 250 km/h), des précipitations très froides, et sur les côtes par des vagues démesurées. La trajectoire d'un cyclone est suivie par satellite et ses caractéristiques mesurées par des avions « chasseurs de cyclones ».

1 Expliquer pourquoi un cyclone représente un risque très important.

2 Expliquer pourquoi les cyclones représentent des risques météorologiques important en utilisant les mots « aléa » et « enjeu ».

3 Montrer qu'un cyclone est un risque prévisible.

Se protéger du risque météorologique

Doc. 3 Guide cyclonique édité par Météo France et la Polynésie française. Écouter les informations permet d'anticiper la trajectoire du phénomène. Couper les réseaux (gaz, électricité) permet d'éviter les incendies.

Doc. 4 Se préparer aux assauts du vent : fermer les ouvertures avec des panneaux de bois cloués, attacher et renforcer les volets mais ne pas obstruer les grilles de ventilation de son logement (comportement à risque pouvant favoriser les intoxications au monoxyde de carbone).

4 Justifier les consignes données aux populations lors des alertes.

Les définitions

- **Aléa** : probabilité que se produise un phénomène (ou catastrophe) naturel.
- **Enjeu** : ensemble des personnes, habitations, activités économiques et infrastructures susceptibles d'être menacées par ce phénomène naturel.
- **Risque** : probabilité que se produise une catastrophe naturelle dont les effets peuvent menacer les populations et les biens. Le risque est météorologique si l'aléa est météorologique.

Notion à retenir

5 En conclusion, rédiger une réponse au problème posé.

UNITÉ 33

L'être humain face au risque climatique

Les variations météorologiques peuvent constituer des risques. Il en est de même avec les variations du climat.

Formulons le problème

....

Étudier un risque lié à un dérèglement climatique océanique

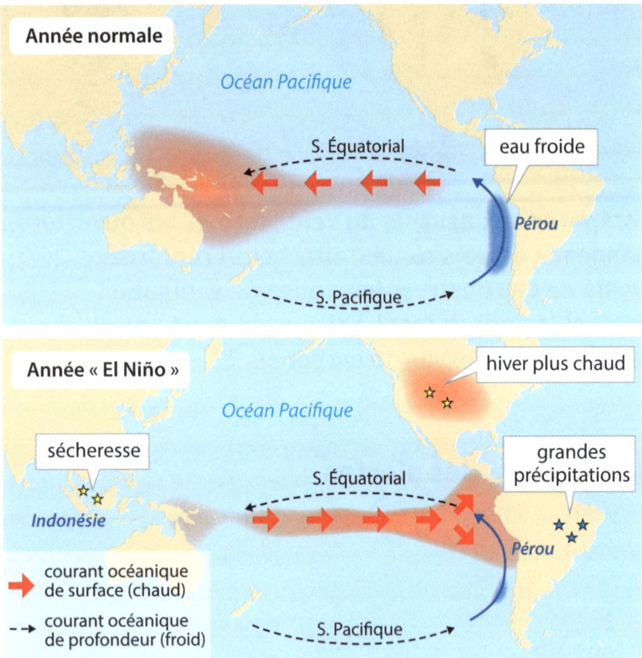

Doc. 1 Le phénomène El Niño.

El Niño est un phénomène océanique à grande échelle du Pacifique équatorial, affectant les vents, la température de la mer et les précipitations. Les eaux chaudes de surface, accompagnées de nuages et de précipitations, refluent de l'ouest vers l'est. Ainsi, des conditions sèches se développent sur l'Indonésie et l'Australie, tandis que les côtes du Pérou connaissent d'inhabituelles précipitations provoquant inondations et glissements de terrain. Les événements El Niño apparaissent d'une manière irrégulière, tous les 2 à 7 ans, et sont difficilement prévisibles.

Modifié d'après Météo France

Doc. 2 Description du phénomène El Niño.

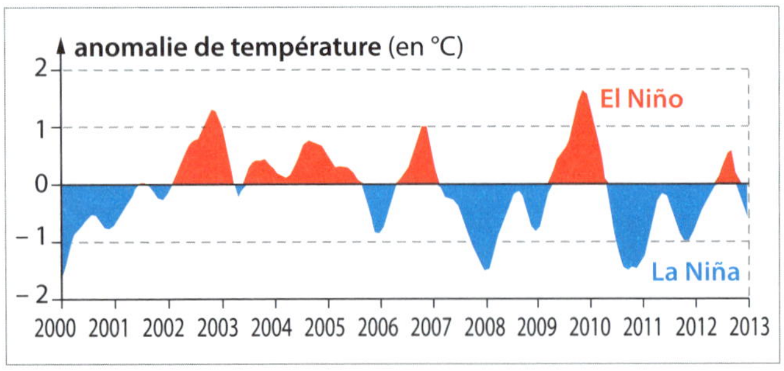

Doc. 3 Chronologie des événements El Niño, entre 2000 et 2013.

Doc. 4 Incendies en Californie durant l'été 2015, dûs à la sécheresse.

1 En quoi El Niño est-il un risque climatique ?

....

....

....

....

Étudier un risque lié à un dérèglement climatique anthropique

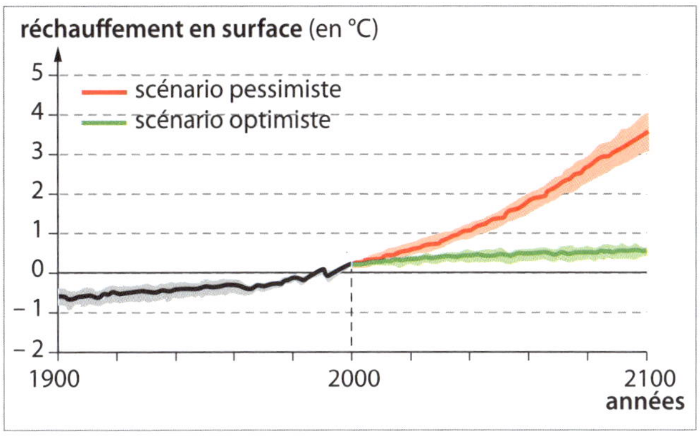

Doc. 5 Prévisions d'élévation des températures pour le XXIe siècle. L'augmentation rapide des températures est due aux activités humaines qui rejettent des gaz à effet de serre dans l'atmosphère. Cette augmentation provoque la fonte des glaces des pôles et une dilatation de l'eau, qui prend alors plus de place.

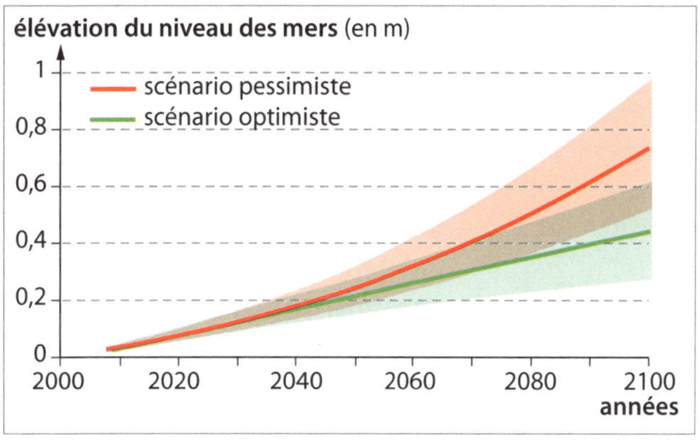

Doc. 6 Prévisions d'élévation du niveau des mers pour le XXIe siècle.

Doc. 7 La république des Maldives, un état de l'océan indien constitué d'un ensemble de petites îles. Leur le point culminant n'est que de 2,3 m.

Doc. 8 Les Pays-Bas, un pays d'Europe dont 26 % de la surface est située sous le niveau des mers. Des digues retenant l'eau et en permanence rehaussées sont nécessaires.

2 Montrer que le réchauffement climatique constitue un risque climatique pour l'être humain, qu'on peut prévoir mais pour lequel on reste mal protégé.

....

....

....

Les définitions

- **Gaz à effet de serre** : gaz contribuant à l'élévation de la température de l'atmosphère (CO_2 principalement).
- **Risque climatique** : risque dont l'échelle de temps est grande (mois, année).
- **Anthropique** : qui est en rapport avec l'espèce humaine.

Notion à retenir

3 En conclusion, rédiger une réponse au problème posé.

....

....

....

....

BILAN Le fonctionnement externe de la Terre

Formuler les notions clés

UNITÉ 26 ▶ **Les mouvements des masses atmosphériques**

UNITÉ 27 ▶ **Les courants océaniques**

UNITÉ 28 ▶ **L'origine des mouvements atmosphériques et océaniques**

UNITÉ 29 ▶ **Le fonctionnement météorologique de la planète**

UNITÉ 30 ▶ **Les grandes zones climatiques de la Terre**

UNITÉ 31 ▶ **L'évolution du climat au cours du temps**

UNITÉ 32 ▶ **L'être humain face au risque météorologique**

UNITÉ 33 ▶ **L'être humain face au risque climatique**

Retenir par l'image

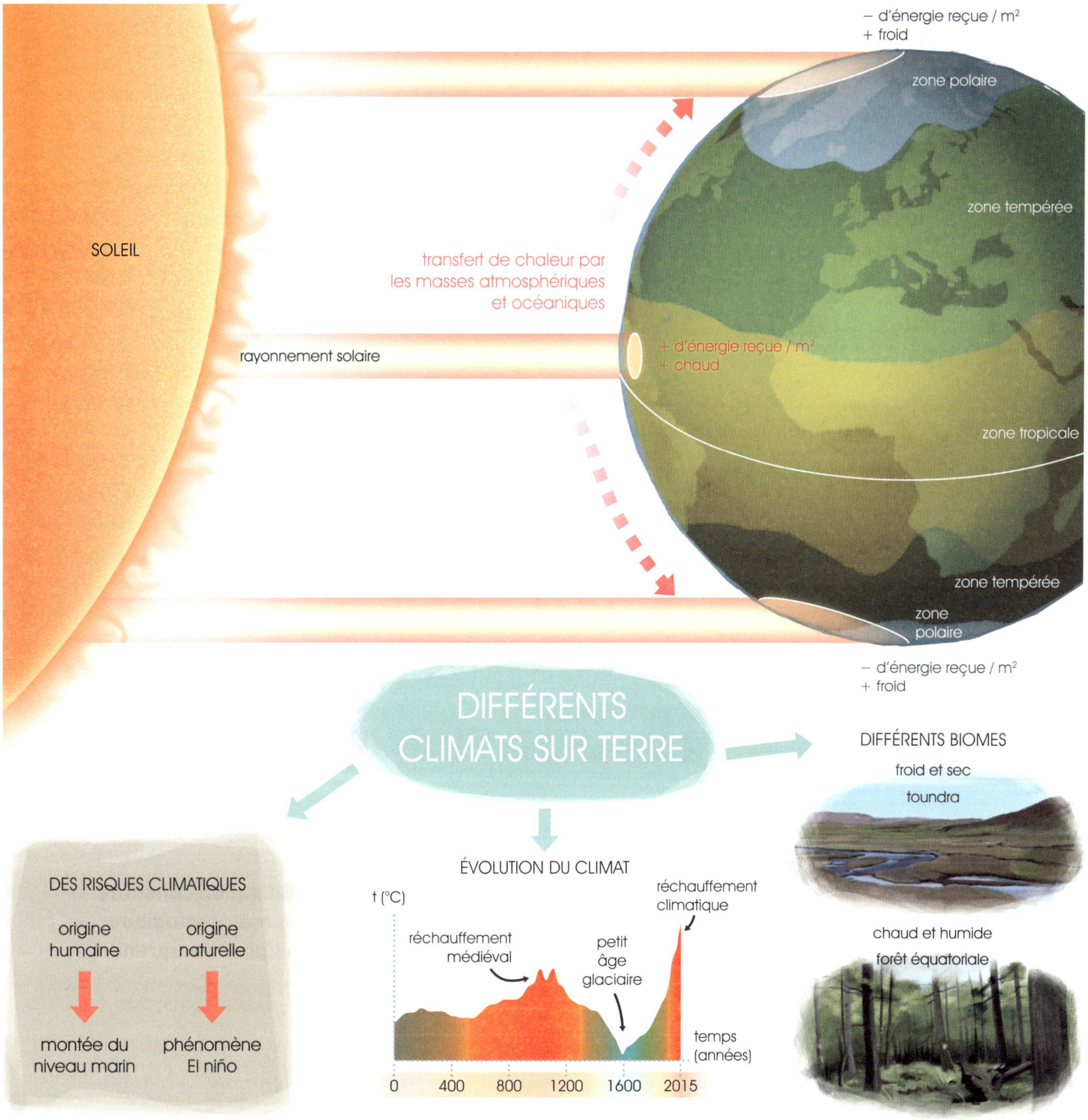

Formuler un résumé du chapitre

....

....

....

....

....

Exercices

Tester ses connaissances

1 QCM Pour chaque affirmation, cocher la seule proposition exacte.

a. Quels éléments ne permettent pas de reconstituer les climats du passé ?
- ☐ les cernes des arbres
- ☐ les bulles d'air dans les glaces
- ☐ l'orientation des vents

b. Quel événement est un risque climatique :
- ☐ El Niño
- ☐ une tempête de sable
- ☐ un cyclone

c. Les grandes zones climatiques terrestres définissent :
- ☐ les grands biomes terrestres
- ☐ la circulation océanique
- ☐ les précipitations et la température

d. Les masses d'air circulent :
- ☐ des hautes pressions vers les basses pressions
- ☐ des basses pressions vers les hautes pressions
- ☐ des dépressions vers les anticyclones

2 Vrai ou Faux Indiquer si les propositions sont vraies ou fausses.

	Vrai	Faux
a. El Niño est un événement facilement prévisible et donc à vulnérabilité limitée.	☐	☐
b. Le soleil influence beaucoup les climats terrestres.	☐	☐
c. Le soleil ne chauffe pas de la même manière l'équateur et les pôles.	☐	☐
d. Les courants profonds ne sont jamais atteints par les polluants de surface.	☐	☐

Utiliser ses connaissances

3 La progression du désert menace l'Afrique

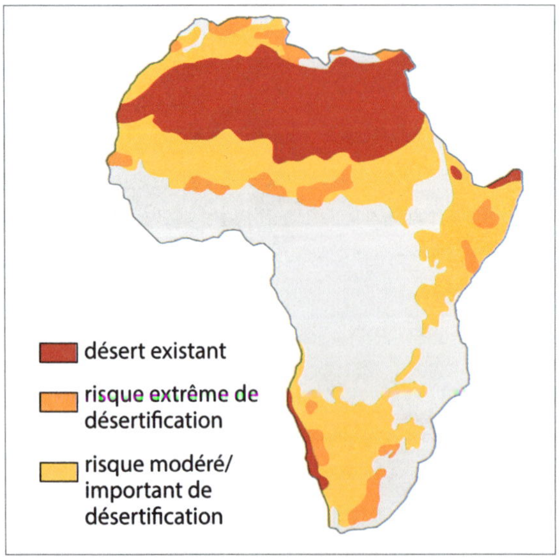

Doc. 1 La progression du désert menace l'Afrique. En Afrique, chaque année, le désert avance inexorablement. On parle de désertification. Un sixième de la population mondiale peut être concerné par ce phénomène.

Expliquer en quoi la désertification constitue un risque climatique et non météorologique et effectuer des recherches pour comprendre quelles en sont les causes.

Vers le BREVET

4 La Route du rhum

La Route du rhum est une course transatlantique réalisée en bateau à voile, courue en solitaire, tous les quatre ans depuis 1978. Le départ a lieu à Saint-Malo en Bretagne et l'arrivée à Pointe-à-Pitre en Guadeloupe.

Doc. 1 Le départ de la Route du rhum.

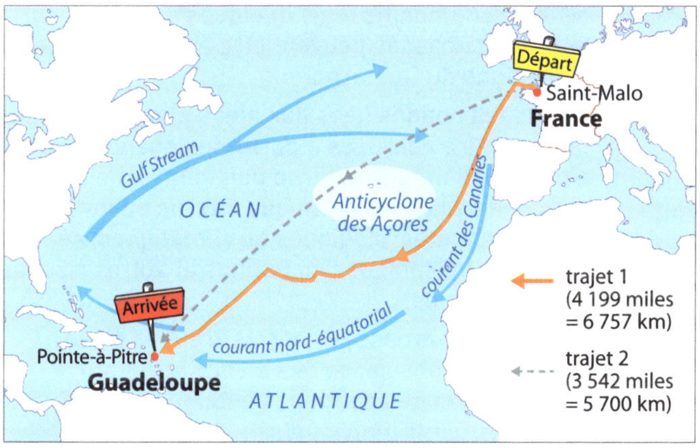

Doc. 2 La Route du rhum, différents trajets possibles.

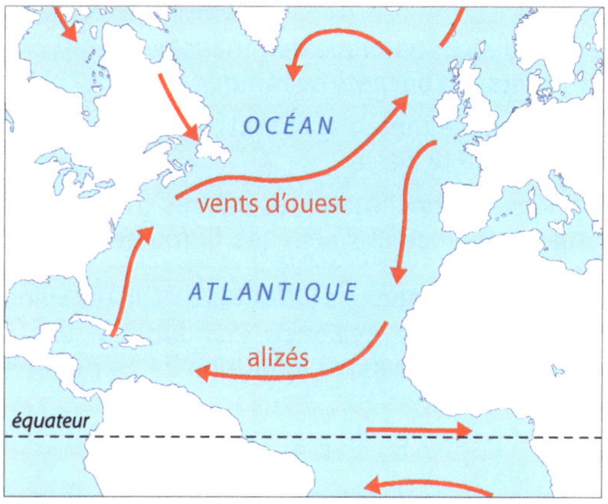

Doc. 3 Les vents de surface au-dessus de l'océan Atlantique.

Consigne : D'après l'étude des documents, justifier que les participants choisissent le trajet 1 pour effectuer cette course.

....

....

....

....

....

....

....

....

....

....

Programme

D'après le Bulletin officiel spécial n°11 du 26 novembre 2015

La planète Terre, l'environnement et l'action humaine

Attendus de fin de cycle

- Explorer et expliquer certains phénomènes géologiques liés au fonctionnement de la Terre.
- Explorer et expliquer certains éléments de météorologie et de climatologie.
- Identifier les principaux impacts de l'action humaine, bénéfices et risques, à la surface de la planète Terre.
- Envisager ou justifier des comportements responsables face à l'environnement et à la préservation des ressources limitées de la planète.

Connaissances et compétences associées	**Exemples de situations, d'activités et d'outils pour l'élève**
La Terre dans le système solaire. Expliquer quelques phénomènes géologiques à partir du contexte géodynamique global. • Le système solaire, les planètes telluriques et les planètes gazeuses. • Le globe terrestre (forme, rotation, dynamique interne et tectonique des plaques ; séismes, éruptions volcaniques). • Eres géologiques. Expliquer quelques phénomènes météorologiques et climatiques. • Météorologie ; dynamique des masses d'air et des masses d'eau ; vents et courants océaniques. • Différence entre météo et climat ; les grandes zones climatiques de la Terre. • Les changements climatiques passés (temps géologiques) et actuel (influence des activités humaines sur le climat). Relier les connaissances scientifiques sur les risques naturels (ex. séismes, cyclones, inondations) ainsi que ceux liés aux activités humaines (pollution de l'air et des mers, réchauffement climatique...) aux mesures de prévention (quand c'est possible), de protection, d'adaptation, ou d'atténuation. • Les phénomènes naturels : risques et enjeux pour l'être humain. • Notions d'aléas, de vulnérabilité et de risque en lien avec les phénomènes naturels ; prévisions. Caractériser quelques-uns des principaux enjeux de l'exploitation d'une ressource naturelle par l'être humain, en lien avec quelques grandes questions de société. • L'exploitation de quelques ressources naturelles par l'être humain (eau, sol, pétrole, charbon, bois, ressources minérales, ressources halieutiques,...) pour ses besoins en nourriture et ses activités quotidiennes. Comprendre et expliquer les choix en matière de gestion de ressources naturelles à différentes échelles. Expliquer comment une activité humaine peut modifier l'organisation et le fonctionnement des écosystèmes en lien avec quelques questions environnementales globales. Proposer des argumentations sur les impacts générés par le rythme, la nature (bénéfices/nuisances), l'importance et la variabilité des actions de l'être humain sur l'environnement. • Quelques exemples d'interactions entre les activités humaines et l'environnement, dont l'interaction être humain – biodiversité (de l'échelle d'un écosystème local et de sa dynamique jusqu'à celle de la planète.	Les exemples locaux ou régionaux ainsi que les faits d'actualité sont à privilégier tout comme l'exploitation de banques de données, de mesures, d'expérimentation et de modélisation. Ce thème se prête à l'histoire des sciences, lorsque l'élève situe dans son contexte historique et technique, l'évolution des idées, par exemple sur la forme de la Terre, sa position par rapport au soleil, la dérive des continents... Pour traiter de l'évolution du climat, les exemples seront choisis dans une échelle de temps qui est celle de l'humanité, mais quelques exemples sur les climats passés peuvent être évoqués (ex., les glaciations du Quaternaire). Toutes les notions liées aux aléas et aux risques peuvent être abordées à partir des phénomènes liés à la géodynamique externe puis réinvesties dans le domaine de la géodynamique interne ou inversement (ex. aléas météorologiques ou climatiques, séismes, éruptions volcaniques, pollutions et autres risques technologiques, ...). Les activités proposées permettront à l'élève de prendre conscience des enjeux sociétaux et de l'impact des politiques publiques et des comportements individuels. Quelques exemples permettent aux élèves d'identifier, en utilisant notamment les biotechnologies, des solutions de préservation ou de restauration de l'environnement compatibles avec des modes de vie qui cherchent à mieux respecter les équilibres naturels. Cette thématique est l'occasion de faire prendre conscience à l'élève des conséquences de certains comportements et modes de vie (exemples : pollution des eaux, raréfaction des ressources en eau dans certaines régions, combustion des ressources fossiles et réchauffement climatique, érosion des sols, déforestation, disparitions d'espèces animales et végétales, etc.). Quelques exemples judicieusement choisis permettent aux élèves d'identifier des solutions de préservation ou de restauration de l'environnement compatibles avec des modes de vie qui cherchent à mieux respecter les équilibres naturels (énergies renouvelables, traitement des eaux, transports non polluants, gestion des déchets, aménagements urbains, optimisation énergétique). Cette thématique contribue tout particulièrement à l'EMC.

Le vivant et son évolution

Attendus de fin de cycle

- Expliquer l'organisation du monde vivant, sa structure et son dynamisme à différentes échelles d'espace et de temps.
- Mettre en relation différents faits et établir des relations de causalité pour expliquer :
  - la nutrition des organismes,
  - la dynamique des populations,
  - la classification du vivant,
  - la biodiversité (diversité des espèces),
  - la diversité génétique des individus,
  - l'évolution des êtres vivants.

Connaissances et compétences associées	Exemples de situations, d'activités et d'outils pour l'élève
Relier les besoins des cellules animales et le rôle des systèmes de transport dans l'organisme. • Nutrition et organisation fonctionnelle à l'échelle de l'organisme, des organes, des tissus et des cellules. • Nutrition et interactions avec des micro-organismes. Relier les besoins des cellules d'une plante chlorophyllienne, les lieux de production ou de prélèvement de matière et de stockage et les systèmes de transport au sein de la plante.	Ce thème se prête notamment : • à l'histoire des sciences, lorsque l'élève situe dans son contexte historique et technique l'évolution des connaissances sur la reproduction, la génétique ou l'évolution ; • aux observations à différentes échelles pour la constitution des organismes étudiés et la diversité du vivant (dont les bactéries et les champignons). On privilégie des observations de terrain pour recueillir des données, les organiser et les traiter à un niveau simple, ainsi que la mise en œuvre de démarches expérimentales. Cette thématique est l'occasion d'utiliser des outils de détermination et de classification. Ce thème se prête aussi aux applications biotechnologiques, lorsque l'élève réalise des cultures de cellules ou étudie des protocoles d'obtention d'organismes génétiquement modifiés, de lignées de cellules (sources de cellules mères, croissance, conservation, normes éthiques) ou de clonage. Utiliser des connaissances pour évaluer et argumenter la possibilité et les formes de vie sur d'autres planètes.
Relier des éléments de biologie de la reproduction sexuée et asexuée des êtres vivants et l'influence du milieu sur la survie des individus, à la dynamique des populations. • Reproductions sexuée et asexuée, rencontre des gamètes, milieux et modes de reproduction. • Gamètes et patrimoine génétique chez les Vertébrés et les plantes à fleurs.	
Relier l'étude des relations de parenté entre les êtres vivants, et l'évolution. • Caractères partagés et classification.	
• Les grands groupes d'êtres vivants, dont Homo sapiens, leur parenté et leur évolution.	
Expliquer sur quoi reposent la diversité et la stabilité génétique des individus. Expliquer comment les phénotypes sont déterminés par les génotypes et par l'action de l'environnement. Relier, comme des processus dynamiques, la diversité génétique et la biodiversité. • Diversité et dynamique du monde vivant à différents niveaux d'organisation; diversité des relations interspécifiques. • Diversité génétique au sein d'une population ; héritabilité, stabilité des groupes. • ADN, mutations, brassage, gène, méiose et fécondation.	
Mettre en évidence des faits d'évolution des espèces et donner des arguments en faveur de quelques mécanismes de l'évolution. • Apparition et disparition d'espèces au cours du temps (dont les premiers organismes vivants sur Terre). • Maintien des formes aptes à se reproduire, hasard, élection naturelle.	

Le corps humain et la santé

Attendus de fin de cycle

- Expliquer quelques processus biologiques impliqués dans le fonctionnement de l'organisme humain, jusqu'au niveau moléculaire : activités musculaire, nerveuse et cardio-vasculaire, activité cérébrale, alimentation et digestion, relations avec le monde microbien, reproduction et sexualité.
- Relier la connaissance de ces processus biologiques aux enjeux liés aux comportements responsables individuels et collectifs en matière de santé.

<table>
<tr><th>Connaissances et compétences associées</th><th>Exemples de situations, d'activités et d'outils pour l'élève</th></tr>
<tr><td>Expliquer comment le système nerveux et le système cardiovasculaire interviennent lors d'un effort musculaire, en identifiant les capacités et les limites de l'organisme.
• Rythmes cardiaque et respiratoire, et effort physique.
Mettre en évidence le rôle du cerveau dans la réception et l'intégration d'informations multiples.
• Message nerveux, centres nerveux, nerfs, cellules nerveuses.
Relier quelques comportements à leurs effets sur le fonctionnement du système nerveux.
• Activité cérébrale ; hygiène de vie : conditions d'un bon fonctionnement du système nerveux, perturbations par certaines situations ou consommations (seuils, excès, dopage, limites et effets de l'entraînement).</td><td rowspan="4">Ce thème se prête :
• à l'histoire des sciences, lorsque l'élève situe dans son contexte historique et technique, l'évolution des idées sur la vaccination et les antibiotiques ;
• à l'interprétation évolutive d'adaptations concernant le fonctionnement humain ;
• à la prévention de conduites addictives ;
• aux applications biotechnologiques, lorsque l'élève explique, à partir des connaissances acquises, les procédés et étapes de fabrication de vaccins et de techniques de procréation médicalement assistée.
L'élève construit ses compétences par des collaborations avec des partenaires dans le domaine de la santé (médecins, sportifs ; ...).
Les exemples et les démarches choisies permettent à l'élève d'envisager les facteurs du bien-être physique, social et mental, et découvrir l'intérêt et les logiques des politiques de santé publique.
Cette thématique contribue particulièrement à l'EMC.</td></tr>
<tr><td>Expliquer le devenir des aliments dans le tube digestif.
• Système digestif, digestion, absorption ; nutriments.
Relier la nature des aliments et leurs apports qualitatifs et quantitatifs pour comprendre l'importance de l'alimentation pour l'organisme (besoins nutritionnels).
• Groupes d'aliments, besoins alimentaires, besoins nutritionnels et diversité des régimes alimentaires...</td></tr>
<tr><td>Relier le monde microbien hébergé par notre organisme et son fonctionnement.
• Ubiquité, diversité et évolution du monde bactérien.
Expliquer les réactions qui permettent à l'organisme de se préserver des microorganismes pathogènes.
• Réactions immunitaires.
Argumenter l'intérêt des politiques de prévention et de lutte contre la contamination et/ou l'infection.
• Mesures d'hygiène, vaccination, action des antiseptiques et des antibiotiques.</td></tr>
<tr><td>Relier le fonctionnement des appareils reproducteurs à partir de la puberté aux principes de la maîtrise de la reproduction.
• Puberté ; organes reproducteurs, production
de cellules reproductrices, contrôles hormonaux.
Expliquer sur quoi reposent les comportements responsables dans le domaine de la sexualité : fertilité, grossesse, respect de l'autre, choix raisonné de la procréation, contraception,
prévention des infections sexuellement transmissibles.</td></tr>
</table>

A

Absorption intestinale : passage des nutriments de la lumière de l'intestin grêle dans le sang.

Aire de répartition : zone géographique où l'on peut rencontrer une espèce donnée.

Aléa : probabilité que se produise un phénomène (ou catastrophe) naturel.

Un aléa

Aliments bâtisseurs : nécessaires à la formation de l'ossature et au développement de la masse musculaire de notre organisme.

Aliments énergétiques : fournissent de l'énergie pour les cellules de l'organisme mais également des substances de réserve.

Aliments fonctionnels : apportent fibres, minéraux et vitamines, sont protecteurs et nécessaires au bon fonctionnement de notre organisme.

Alvéole pulmonaire : sac microscopique à l'extrémité des bronches.

Anthropique : qui est en rapport avec l'espèce humaine.

Anticyclone : zones de hautes pressions dues à la descente d'air froid. Dans l'hémisphère nord, l'air se déplace dans le sens des aiguilles d'une montre.

B

Biodiversité : ensemble de la diversité du vivant en un lieu donné.

Biomasse : masse de matière organique sur une surface donnée.

Biome : ensemble d'écosystèmes à l'échelle d'une grande région ou d'un continent. Il est défini par des conditions de température et de précipitations précises et correspond à un sol, une flore et une faune définis.

Bouturage : action de procéder à la reproduction d'une plante à partir de l'un de ses éléments, sans qu'une graine ne soit nécessaire à la nouvelle pousse.

C

Capillaires sangins : vaisseaux très fins au niveau des organes à travers lesquels ont lieu les échanges.

Carence : absence ou apport insuffisant d'un élément essentiel à l'organisme.

Cellule-œuf : cellule formée à l'issue d'une fécondation. En se divisant, la cellule-œuf est à l'origine d'un nouvel individu.

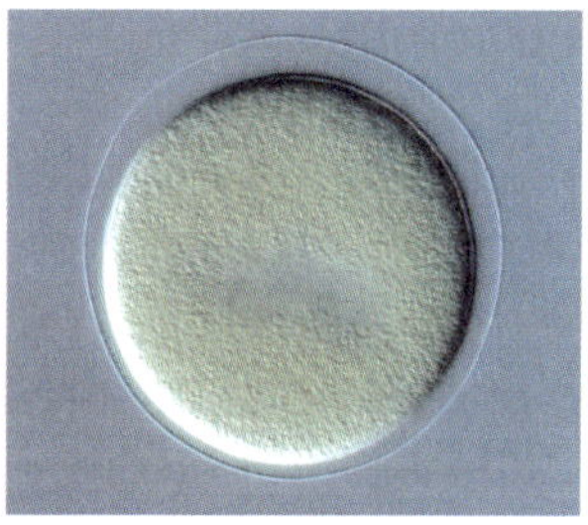

Cellule reproductrice ou gamète : cellule qui assure la fécondation (spermatozoïde et ovule).

Centre nerveux : structure capable de recevoir un message nerveux, de le traiter et de renvoyer un nouveau message nerveux.

Cycle de vie : succession des étapes de la vie d'un individu de sa naissance par reproduction jusqu'à sa propre mort.

D

Dépression : zones de basses pressions dues à la remontée d'air chaud. Dans l'hémisphère nord, l'air se déplace dans le sens inverse des aiguilles d'une montre.

Développement durable : solutions pour concilier la biodiversité et les intérêts humains.

Diastole : période où le cœur est relâché et se remplit de sang.

Lexique

E

Écosystème : ensemble formé par une association d'êtres vivants, ainsi qu'un milieu de vie défini par la température, les précipitations, etc.

Enjeu : ensemble des personnes, habitations, activités économiques et infrastructures susceptibles d'être menacées par ce phénomène naturel.

Enzyme digestive : substance contenue dans les sucs digestifs, permettant la transformation des aliments en nutriments.

Eutrophisation : forme de pollution de certains écosystèmes aquatiques qui se produit lorsque le milieu reçoit trop de matières nutritives (principalement les phosphates) assimilables par les algues et que celles-ci prolifèrent.

F

Fécondation : union d'une cellule reproductrice mâle et d'une cellule reproductrice femelle.

Fécondité : nombre moyen de descendants par portée.

G

Gaz à effet de serre : gaz contribuant à l'élévation de la température de l'atmosphère (CO_2).

I

IRM : imagerie par résonnance magnétique.

Irradiation solaire : quantité d'énergie solaire reçue par an et par mètre carré.

J

Jet-stream : courant d'air rapide (de 90 à 360 km/h) formé à la limite de la basse et la haute atmosphère.

M

Message nerveux : message transmis suite à un stimulus initial.

Message nerveux sensitif : message nerveux issu d'un récepteur sensoriel, en direction d'un centre nerveux.

Métabolisme de base : besoins énergétiques pour permettre le fonctionnement a minima de l'organisme (au repos, couché).

Microbiote : ensemble des microorganismes (bactéries, levures, etc.) présents dans le tube digestif d'un individu.

N

Nerf : structure capable de transmettre un message nerveux.

Nerf moteur : nerf transportant un message nerveux moteur qui permet la contraction des muscles.

Nerf optique : nerf transportant les messages nerveux visuels.

Nutriment : molécule simple soluble (capable de se dissoudre dans l'eau) issue de la digestion et utilisable par l'organisme.

O

Ovipare : espèce dont la femelle pond des œufs.

P

Période interglaciaire : période qui sépare deux glaciations et pendant laquelle la Terre est plus chaude.

Période glaciaire (glaciation) : période pendant laquelle la température de la Terre est globalement plus froide.

Pesticides : produits chimiques permettant d'éliminer les parasites des cultures.

Population : ensemble d'individus d'une même espèce peuplant une région donnée.

Pouls : battements ressentis au niveau des vaisseaux sanguins du poignet et provoqués par les contractions cardiaques.

Protection des écosystèmes : mesures permettant de préserver la faune et la flore mais aussi le milieu qui constituent les écosystèmes, c'est à dire de limiter l'impact des actions humaines sur celui-ci.

R

Récepteur sensoriel : organe qui reçoit l'information sensorielle et transmet un message nerveux au cerveau.

Régime alimentaire : façon dont se nourrit un organisme vivant.

Reproduction sexuée : processus de formation de nouveaux individus à partir de deux individus parents de la même espèce matures sexuellement et de sexes différents.

Restauration des écosystèmes : mesures permettant de reconstituer des écosystèmes dégradés par les activités humaines.

Risque : probabilité que se produise une catastrophe naturelle dont les effets peuvent menacer les populations et les biens. Le risque est météorologique si l'aléa est météorologique.

Risque climatique : risque dont l'échelle de temps est grande (mois, année).

Rythme cardiaque : nombre de battements cardiaques par minute.

Rythme respiratoire : nombre de cycles respiratoires (inspiration + expiration) par minute.

S

Spallanzani Lazzaro (1729-1799) : professeur de sciences naturelles à l'université de Modène puis à celle de Pavie. Il réalise des expériences pour observer le développement de microorganismes et étudie la fécondation, la circulation sanguine et la digestion.

Suc digestif : substance produite par certains organes du tube digestif, contenant des enzymes.

Surface d'échange : grande surface de très faible épaisseur constituée de cellules spécialisées et perméable à de petits éléments.

Systole : période où le cœur est contracté et se vide de sang.

U

Upwelling : remontée des eaux froides et profondes riches en éléments nutritifs.

V

Villosité : repli interne de la paroi de l'intestin grêle.

Vivipare : espèce dont l'embryon se développe à l'intérieur du corps de la femelle.

VO_2 max : volume maximal de dioxygène consommé lors d'un effort.

Crédits

Couverture : ZooParc de Beauval. « Le ZooParc de Beauval agit pour la préservation de la Biodiversité mondiale à travers son association « Beauval Nature » qui soutient de nombreux programmes de Conservation et de Recherche dans le monde ». beauvalnature.com

4 bas AGE FOTOSTOCK / Chico Sanchez ; 4 ht COSMOS / SPL / Dr Morley Read ; 4 m bas BIOSPHOTO / François Gilson ; 4 m ht BIOSPHOTO / B. Borrell Casals / FLPA ; 5 d BIOSPHOTO / Gilles Le Scanff & Joëlle-Caroline Mayer ; 5 g CONGE Hervé ; 6 bas ISM / Hervé Conge ; 6 bas d ISM / Hervé Conge ; 6 bas g ISM / Hervé Conge ; 6 ht ISM / Gérard Peaucellier ; 6 m g ISM / Hervé Conge ; 7 ht GAMMA RAPHO / Phillipe SUMM / JACANA ; 7 m BIOSPHOTO / Jean-Michel Labat ; 8 bas COSMOS / SPL / C. Nuridsany & M. Perennou ; 8 ht d BIOSPHOTO / Christophe Perelle ; 8 ht g BIOSPHOTO / Dominique Gest ; 9 g ISM / Hervé Conge ; 9 m BIOSPHOTO / Claudius Thiriet ; 10 GETTY IMAGES France / Michael Breuer ; 11 d BIOSPHOTO / Milos Andera ; 11 g BIOSPHOTO / Dominique Delfino ; 12 bas NPL / Visuals Unlimited ; 12 ht NPL / Visuals Unlimited ; 17 d BIOSPHOTO / George Bernard / Photoshot ; 17 g SPL / Wim van Egmond ; 17 m GETTY IMAGES France / Corbis / Robert Pickett ; 18 GETTY IMAGES France / Martin Zwick / DanitaDelimont.com ; 21 INRA ; 22 COSMOS / SHEILA TERRY / SPL ; 25 d BSIP / Biophoto Associates ; 25 g ISM / Johannes Lieder ; 26 d BSIP / Phototake / Kunkel ; 26 g GETTY IMAGES France / Scimat Scimat ; 26 m BSIP / Phototake / Gaugler ; 27 BIOSPHOTO / J.-M. Labat & Y. Lanceau ; 27 ht PNAS / Fredrik Bäckhed ; 27 m NCBI ; 29 sweetgreen.com ; 30 bas Santiago Alvarez ; 30 ht GETTY IMAGES France / Donna Day ; 31 bas INPES / Inst. nat. de prév. et édu. pour la santé ; 31 ht ISM / Alain Pol ; 36 d TOMTOM Runner cardio ; 36 g PLAINPICTURE / Matton ; 37 Jeulin ; 38 bas Cedric Jankowiak ; 38 ht BIOSPHOTO / J.M. Labat & Y. Lanceau ; 39 ht Droits Réservés ; 42 GETTY IMAGES France / Echo ; 44 MAXPPP / Zuma Press / Jack Kurtz ; 46 bas d ISM / SOVEREIGN ; 46 bas g ISM / SOVEREIGN ; 46 ht PANORAMIC / Marc de Tienda ; 47 ht Joseph BAUDET ; 47 m BSIP / Science Source ; 55 ht MINDEN Pictures / Marc Gottenbos / NiS ; 55 m NATURIMAGES / Christophe Hayet ; 56 bas BIOSPHOTO / Photoshot / Lutra ; 56 ht NPL / Michel Roggo ; 56 m bas BIOSPHOTO / Juniors ; 56 m ht NPL / Reinhard / ARCO ; 58 BIOSPHOTO / Pierre Huguet-Dubief ; 59 ht g Hugo Ahlenius, UNEP/GRID-Arendal ; 59 ht d REUTERS / Crack Palinggi ; 59 bas g BIOSPHOTO / Cyril Ruoso ; 59 m bg FOTOLIA ; 59 bas MINDEN Pictures / Suzi Eszterhas ; 59 bas m BIOSPHOTO / Sylvain Cordier ; 59 bas d GREENPEACE / Jerome Sutton-Hibbert ; 60 BIOSPHOTO / Olivier Born ; 61 ht ANDIA / euroluftbild.de ; 61 m BIOSPHOTO / Alexandre Petzold ; 64 GETTY IMAGES France / Ian Mcallister ; 69 BIOSPHOTO / Claudius Thiriet ; 70 ht d COSMOS / SPL / Nasa ; 70 ht g GETTY IMAGES France / EyeEm / Walter Boring ; 71 ht NASA ; 71 m Droits Réservés ; 72 d COSMOS / SPL / Jim Edds ; 72 g NASA ; 73 2001 G; Ostlund, Tritium Laboratory, Miami ; 74 ht Droits Réservés ; 74 m Jeulin ; 77 Source «Météo-France, http://www.meteofrance.fr/prevoir-le-temps ; 78 d Droits Réservés ; 78 g Wikimedia / Historicair 2006 ; 79 ht Droits Réservés ; 79 m d NPL / Anup Shah ; 79 m g PLAINPICTURE / Minden Pictures ; 80 PLAINPICTURE / Gallery Stock ; 81 CNRS / PEV / LGGE / Thibaut Vergoz ; 82 bas AFP / Vietnam News Agency ; 82 ht COSMOS / Didier Ruef ; 83 d SIPA PRESS / AP / Julio Cortez ; 83 g cyclonextreme.com ; 84 REUTERS / Max Whittaker ; 85 d GETTY IMAGES France / Corbis / Hemis / Richard Soberka ; 85 g COSMOS / George Steinmetz ; 89 MAXPPP / PHOTOPQR / OUEST FRANCE / Philippe Cherel

Édition : Caroline Edenhoffer
Conception graphique : Élise Launay
Couverture : Élise Launay
Iconographie : Juliette Barjon
Illustrations : Pascal Gindre, Mathilde Laurent
Schémas : Corédoc, Pierre Bourcier
Composition : Frédérique Buisson
Photogravure : Key Graphic

Achevé d'imprimer par l'Imprimerie de Champagne à Langres
N° éditeur : 10227463 — Dépôt légal : Juillet 2016